EMPRENDER ES FÁCIL
SI SABES CÓMO

EMPRENDER ES FÁCIL
SI SABES CÓMO

UNA HISTORIA DE EMPRENDIMIENTO
QUE TE MOTIVARÁ A CREAR
TU PROPIO NEGOCIO

VANESSA JIMÉNEZ

Emprender es fácil si sabes cómo
© Vanessa Jiménez, 2021

Reservados todos los derechos. No se permite la reproducción total o parcial de esta obra, ni su incorporación a un sistema informático, ni su transmisión en cualquier forma o por cualquier medio (electrónico, mecánico, fotocopia, grabación u otros) sin autorización previa y por escrito de los titulares del copyright. La infracción de dichos derechos puede constituir un delito contra la propiedad intelectual.

Para mi familia, el más hermoso y
desafiante de todos mis emprendimientos.

"Emprender es un hábito que
te permitirá hacer tus sueños realidad."

Vanessa Jiménez

ÍNDICE

PARTE I: LOS INICIOS
   1. Emprender o no emprender 17
   2. Buscando un socio 25
   3. Emprender es Invertir 29
   4. Los pájaros dejan el nido. 37
   5. Emprender con un por qué 41
   6. Principiantes 47
   7. Emprender es disciplina 51
   8. Un mentor de negocios 59
   9. Emprender es hacer .63
  10. Camino a la supervivencia 71

PARTE II: CRECIMIENTO
  11. Emprender es crear .79
  12. Prejuicios y orgullo .87
  13. Emprender es pivotar. 91
  14. Los sueños se hacen realidad 97
  15. Emprender es arriesgar 101
  16. Todo comenzó, bailando 107
  17. Emprender es sonreír 111
  18. Giro de timón. 119
  19. Emprender es vender 125

PARTE III: PUNTO CÚLMINE
  20. ¿Derecha o izquierda?. 137
  21. Emprender es sorprender. 141
  22. No todo sale según lo planificado 149
  23. Emprender es trabajar… en equipo y bajo presión . 153
  24. Diferencias. 163
  25. Emprender es disfrutar 169

26. La estocada 175
27. Emprender es aprender 179
28. Sentencia de muerte 187
29. Emprender es dar el salto 191

AGRADECIMIENTOS 201
UN FAVOR ESPECIAL 203
ACERCA DE LA AUTORA 205
OTRAS OBRAS DE VANESSA JIMÉNEZ 207
TE AYUDO A EMPRENDER 209

PARTE I
LOS INICIOS

EMPRENDER O NO EMPRENDER

Maximiliano Fontecilla miró su smartwatch esperando el momento exacto para entrar a la sala de clases. Si algo había aprendido en sus quince años de empresario era el valor del tiempo. Ahora que lo había perdido todo, o casi todo, este era un recurso que tenía en exceso.

—Ya es hora —se dijo.

Su primer día como profesor de emprendimiento. La nueva apuesta de la casa estudiantil donde había cursado su carrera, que ahora se publicitaba como la «universidad de los emprendedores».

¡Qué gran cambio!, pensaba. Durante su época de estudiante todos los profesores pintaban como la mayor panacea que los alumnos se emplearan en una gran empresa, hicieran carrera hasta llegar al puesto de gerente y se aferraran a ese escritorio hasta la jubilación.

Ignorando el bullicio de los alumnos que ya estaban en el aula, fue a dejar su maletín en el escritorio destinado al profesor y sacó una hoja blanca en la cual escribió con un plumón rojo de pizarra:

«LLEGAS TARDE,
YA CERRAMOS EL NEGOCIO»

Con total propiedad, colgó en la puerta su cartel. Luego se sentó en silencio y esperó. Algunos alumnos murmuraban, otros comenzaban a hacerse callar, Maximiliano solo observaba. Cuando el silencio fue total, se puso en pie.

—Ya era hora —dijo Facundo—, ¿o es que le pagamos a esta universidad para ver cómo el profesor viene a sentarse? —

Soltó una carcajada, intentando arrastrar a sus compañeros en su jocosa intervención.

Maximiliano, de inmediato, volvió a sentarse. Las últimas risas comenzaron a declinar.

El profesor caminó posicionándose en el centro del salón. Se tocó las yemas de sus dedos una a una, al compás de su propio tiempo mental, y comenzó a hablar.

—Todos los asistentes a mis clases deben saber cinco reglas importantes.

1. El tiempo vale oro, por eso cuido cada minuto de mi día. Espero que ustedes también inviertan correctamente el suyo.

2. Todas las opiniones son valiosas, por lo tanto, si alguien habla el resto escuchamos.

3. Disfrutar del proceso es tan importante como celebrar el resultado. Esta clase estará llena de sorpresas.

4. No soy profesor, tío, *profe*, *teacher* ni *míster*. Me llamo Maximiliano, ya entenderán el poder que tiene dirigirse a alguien por su nombre, en especial al momento de la venta.

5. Si no saben qué hacer durante las clases, recuerden estas reglas.

¿Alguna duda?

Maximiliano recorrió con la mirada a los estudiantes. Con un movimiento de sus cabezas de un lado a otro contestaron con una negativa, sin salir aún del estado de incredulidad ante el formato de clases que este nuevo profesor definía.

—Muy bien —prosiguió—. Como les decía, mi nombre es Maximiliano Fontecilla, empresario o ex empresario. Estudié Ingeniería Comercial hace muchos años porque quería ganar dinero. Desde que tengo uso de razón, vendo y revendo cosas.

Mi papá tiene una pequeña empresa de fabricación de hilos. Al salir de la universidad comencé a trabajar en el negocio familiar. Pero mi viejo se negaba a generar cambios, por lo que aguanté seis meses y me independicé. En lugar de fabricar los hilos, comencé a traer los productos listos de China, que se vendían como pan caliente. Dos años más tarde, tenía cinco contenedores semestrales en la aduana de Valparaíso esperando para ser vendidos por Importext, mi empresa. En cualquier tienda de costuras o paquetería de las calles de Rosas o Meiggs estaban mis productos. Gané más dinero del que puedan imaginar—. Hizo una pausa mostrando un tono melancólico.

Maximiliano aún trataba de asimilar el cambio que había tenido su vida. Buscaba en las paredes de aquella casona, que sería su nuevo lugar de trabajo, sus propias explicaciones. Había pasado de empresario a empleado clamando por un sueldo a fin de mes. Un empleo estable que le permitiera acreditar sus ingresos era la única alternativa para que la banca le otorgara nuevamente crédito. Tenía sólo un objetivo: recuperar su empresa.

—¿Y entonces? —Un estudiante lo sacó de sus pensamientos.

—Entonces... —contestó con cierto temblor en su voz— sucedieron una serie de eventos a los que no les presté la debida atención y que me llevaron a la quiebra.

—¡Qué mal! —exclamó Sofía, otra de las alumnas.

—La pregunta es, ¿por qué un empresario quebrado viene a darles clases de emprendimiento?

Aquel cuestionamiento hizo reflexionar a varios estudiantes que asintieron con sus cabezas, algunos incluso cruzaban miradas de reojo con sonrisas irónicas por el fallo empresarial del profesor.

—En el mundo del emprendimiento encontrarán a muchos profesores que enseñan sobre cómo emprender sin haber tenido nunca una empresa; coaches que los ayudarán a encontrar las respuestas, pero son consultores independientes o auto empleados. En mi caso, ya no tengo nada que perder, pongo mi experiencia a su disposición, con lo bonito y lo no tan bonito que tiene emprender. Mi misión es que aprendan los vaivenes que puedan aparecer en este camino de convertirse en dueños de sus propios negocios, de alguien que los vivió en carne y hueso. —Se apuntó hacia el pecho con los pulgares de ambas manos.

—La universidad de la calle —dijo Cristóbal con satisfacción.

—Bueno, y la otra razón es porque Robert Kiyosaki y Anthony Robbins tenían la agenda copada —agregó en tono burlesco.

La carcajada grupal distendió el momento. El profesor aprovechó para introducir la temática que traía preparada. Sacó una tarjeta de su maletín donde tenía anotado tres puntos.

—Basta del pasado por hoy, ya les iré compartiendo mis experiencias. Es hora de que entremos en materia —dijo cambiando el tono de voz para inyectar energía al grupo de estudiantes—. Levanten la mano quienes se inscribieron en este curso porque quieren ganar dinero. —Veintidós manos se alzaron, número que escribió en el pizarrón al lado de la frase—. Los que quieran ser los próximos creadores de alguna empresa innovadora líder del mercado. —Catorce alumnos se entusiasmaron con la ambiciosa idea. —¿Ayudar a otros? —Anotó dieciocho—. ¿Alguien sueña con tener una empresa sustentable? —Miró a los estudiantes en busca de una respuesta.

—Esa es mi meta —dijo Carolina que de inmediato alzó su mano junto a diez de sus compañeros.

—¿Ser dueños de su tiempo? —Veinte alumnos se inscribieron en esta opción—. ¿Alguna otra alternativa que no hayamos considerado? —preguntó Maximiliano.

—Tener una fundación —se escuchó decir.

—Ok, eso cabría dentro de ayudar, aunque entiendo que te refieres a una empresa sin fines de lucro. —Escribió un uno en el pizarrón.

La postura delataba cómo los estudiantes se iban involucrando en la clase. Habían partido casi echados en la silla como quien sostiene el control remoto de la televisión y no encuentra nada que le interese. Pero de a poco, sus torsos se sintieron atraídos con cada palabra de Maximiliano, al punto de estar lo más cerca que aquellos asientos universitarios les permitían.

—De los veintiocho alumnos inscritos en esta clase ¿cuántos están dispuestos a trabajar trece o catorce horas diarias de lunes a lunes durante años? —Ninguno de los estudiantes levantó la mano. Maximiliano anotó un cero en la pizarra—. ¿Alguien dispuesto a pagarle a otras personas por su trabajo incluso renunciando a su sueldo? — Tampoco hubo interesados—. ¿Perder amigos y ganarte incluso enemigos? ¿Dejar de ir a fiestas y reuniones familiares porque tienen que trabajar?

—¡Ni soñarlo! —Facundo no estaba dispuesto a renunciar a su estilo de vida, al parecer, el resto del curso tampoco.

Los estudiantes no entendían la relación entre aquellas preguntas con el emprendimiento. ¿Cuándo comenzarían a hablar de ganancias, inversiones, globalización?

—Ahora, la pregunta del millón —agregó Maximiliano tamborileando con sus dedos el borde del escritorio—. ¿Les gustaría saber cómo ganar mucho dinero, manejar su propio tiempo, tener empresas que ayuden a otros, vivir una vida con sentido, sin tener que trabajarle un día a nadie, ni dejar de ir a fiestas o estar con sus amigos?

—¡Sí! —contestaron a coro todos entusiasmados.

—¿Quieren saber cuál es el secreto? —preguntó colocando su mano en la oreja para escucharlos mejor.

—¡Sí! —respondieron esta vez con más fuerza.

—¿Seguros?, porque lo que estoy a punto de revelarles cambiará su vida. —El profesor mantenía el estado de tensión.

—Por favor, no nos hagas esperar más —pidió Sofía colocando sus manos juntas en señal de súplica.

Maximiliano caminó hacia el centro de la sala. Los alumnos, de inmediato, se giraron. Iban siguiendo cada uno de sus movimientos, no querían perderse lo que anticipaban que sería la mejor parte de la clase.

—Pues bien, existen dos fórmulas que les permitirán conseguir esos objetivos. La primera es ganar la lotería y la segunda, conseguir una pareja millonaria que los mantenga. Para tener una empresa rentable y exitosa hay que trabajar muy duro. Expectativa, realidad —dijo moviendo sus manos como balanza.

El descontento de los estudiantes no se hizo esperar. El profesor recibió un abucheo generalizado. Había cabezas que negaban la situación y miradas decepcionadas que esperaban que dijera que todo aquello era una broma y les compartiera la fórmula mágica para ser millonarios.

—Tiene que haber alguna forma de darle «el palo al gato». —Facundo verbalizó lo que sus compañeros pensaban—. Si no, ¿cómo es que hay tantos millonarios?

—Las estadísticas no mienten. —Maximiliano señaló el listado de actividades que no habían recibido votos—. Todo esto que ninguno de ustedes quiere hacer es emprender.

—Pero requiere de mucho esfuerzo —se quejó Sofía.

—Las cosas que votaron con gran entusiasmo son el resultado de emprender, lo que se muestra en las noticias, el éxito de los millonarios —explicó mientras subrayaba con énfasis aquellas acciones escritas.

—Es lo que todos queremos, ¿o no? —preguntó Facundo dirigiéndose a sus compañeros.

Un aplauso grupal rompió en la sala de clases. Los estudiantes expresaban su respaldo a Facundo y dejaban ver su real motivación al inscribirse en aquel curso. Maximiliano aplacó el alboroto moviendo sus manos para continuar hablando.

—Entiendo que se sientan atraídos por los frutos, pero recuerden que no hay cosecha sin siembra. Emprender es dedicarse mil por ciento al negocio, anteponer la empresa y el equipo de trabajo incluso a nuestras necesidades. Es dejar de lado las fiestas para sacar adelante tu pasión, en especial durante los primeros años, cuando la empresa, al igual que un bebé, está aprendiendo a caminar. Ustedes quieren los frutos, los resultados de emprender, pero no quieren ser emprendedores.

—Muchos millonarios dicen que hay que trabajar con inteligencia, no duro. Lo he leído en sus biografías —comentó Mateo, quien ya llevaba tres hojas de anotaciones en su cuaderno.

—¡Excelente intervención! —Maximiliano hizo una pausa mientras caminaba hacia el estudiante sentado en la primera fila—. Ahora te pregunto: ¿crees que el trabajo, por muy inteligente que sea, es fácil?

Dejar sembradas las interrogantes era algo que le apasionaba al empresario, desde la época en la que tenía un solo empleado a su cargo.

—No lo había considerado de esa forma —respondió Mateo.

—«Pensar es el trabajo más arduo que existe. Por eso, es que tan pocas personas se dedican a él» —Citó a Henry Ford.

—¿Y si vendo mi idea de negocio a una multinacional? —intervino Cristóbal, hijo y nieto de comerciantes, capaz de vender hasta las hojas que caían de los árboles.

—Ojo con este vendedor —comentó Maximiliano—, todos lo van a querer de compañero en el proyecto de ventas—. Respondiendo a tu pregunta, en un par de clases más te enseñaré el valor de las ideas para que puedas salir a venderlas. —Cristóbal comenzó a frotarse las manos, en sus ojos se podían ver proyectados billetes que caían de una máquina registradora.

Maximiliano miró la hora y detuvo la alarma que se escuchó de su reloj.

—Esta alarma me indica que ha sido un gusto pasar esta hora y media con ustedes. Antes de despedirme por hoy, les dejaré una tarea.

Escribió aquella palabra en la pizarra. Los estudiantes se dispusieron a tomar notas con desgano. Esperaban que aquel nuevo profesor se saltara las tareas.

—Imagino que ustedes tomaron este curso con una idea de emprendimiento o queriendo poner su propia empresa. Lo primero es desarrollar el plan de negocios y dado que en esta clase todo se aprende desde la práctica…—Maximiliano se dirigió al grupo para explicar las instrucciones.

—¿Cuándo se entregará la tarea? —preguntó Mateo con ansiedad.

—Recibirán una pauta con varias preguntas que les ayudarán a desarrollar el modelo de negocios. Para contestarlas, deberán hacer un pequeño trabajo de investigación de mercado. Con la información recopilada, construirán una maqueta del producto o servicio que esperan vender con su empresa.

—¿Y la pauta, profe?, perdón, Maximiliano —preguntó Carolina.

—Un momento, no he terminado de explicar.

—Las preguntas serán subidas a la plataforma de la universidad el viernes a las veintidós horas.

El reclamo de los estudiantes no se hizo esperar. Miradas que expresaban mucho más que molestia, brazos que aletearon despectivamente con la intención de hacer volar, y bien lejos, aquellas instrucciones.

—Maximiliano, nos estás mandando tareas para el fin de semana —alegó Sergio en nombre del curso—. ¿Qué pasa con el descanso?

—Si tienen dudas sobre el trabajo, estaré conectado para aclararlas el mismo viernes desde las diez a las once de la noche.

—Yo ya tengo panoramas con unos amigos para el fin de semana. —Facundo se recostó en su silla.

—¿Cuánto tiempo tenemos para enviar el modelo de negocios? —preguntó Cristóbal.

—La pregunta es: ¿cuánto tiempo quieren esperar para sacar su negocio al mercado? —respondió el profesor delegando la responsabilidad a los estudiantes.

—Entonces, los que tengamos listo el proyecto, ¿lo podremos presentar el próximo martes para la evaluación? —consultó Mateo esperando contar con la retroalimentación para su tarea.

—¿Quién soy yo para evaluar sus proyectos o ponerles nota? —El profesor se encogió de hombros—. Los verdaderos jueces serán sus clientes. ¡Bienvenidos al mundo del emprendimiento!

Maximiliano pegó una tarjeta con algunas notas escritas en la pizarra y terminó su primera clase dejando a un grupo de estudiantes desconcertados. Entre quejas y gestos de disgusto, los universitarios mostraban su descontento ante la intromisión de aquel profesor, que había llegado a cambiar las reglas del juego.

- Hay muchos enamorados de los resultados de emprender, pero pocos del proceso del emprendimiento.
- Emprender es un trabajo que da más trabajo.
- No hay varita mágica del emprendimiento, debes confiar en el trabajo (duro e inteligente), la estrategia y la perseverancia.

BUSCANDO UN SOCIO

Como todos los viernes, Maximiliano pasaba por casa de José Pablo. Luego, la música de las discotecas, mezclada con las conversaciones que esperaban entablar con algunas chicas, les impediría hablar.

—Mi papá me tiene aburrido, cargo cajas de cordones todo el día. Soy el júnior de la fábrica. Al final, todos los años de estudio no sirven de nada —se quejaba Maximiliano con su amigo, mientras tomaban una cerveza.

—Tu padre ya tiene su fábrica andando y le va bien así. Además, está viejo. ¿Tú crees que lo vas a hacer cambiar de un día para otro?

—Pero entonces, ¿para qué quiere que trabaje con él, para que sea su esclavo? Le digo que compremos máquinas nuevas para producir más y con más calidad y siempre recibo una negativa. ¿Puedes creer que el otro día se metió a reparar él mismo una de las máquinas con un alambre?

—Mira, para que tu papá haga lo que quieres tendría que volver a nacer. Así que o bailas a su ritmo o pones tu propia empresa —dijo tomando el último sorbo de la cerveza—. ¿Quieres otra?

Se conocían desde que ingresaron a estudiar en los Sagrados Corazones. Haber tomado caminos distintos, tras terminar el colegio, no había mermado aquella amistad.

Maximiliano cursó Ingeniería Comercial en una prestigiosa universidad privada, a la que llegaba todos los días en el auto que su padre le había cedido para su mayor comodidad. Era descendiente de empresarios, con oportunidades económicas que le abrían más de alguna puerta.

José Pablo, por su parte, optó por estudiar Técnico en Administración de Empresas, carrera que debió autofinanciarse. Luego que su padre los abandonara, trabajar y estudiar fue la única opción que tuvo para salir adelante.

Su madre, por mucho que lo intentara, no podía cubrir los gastos de la casa y pagar su formación. «Trabajé duro para conseguir sus cosas» —le decía—, «si quiere salir adelante, trabaje; si quiere tener dinero, trabaje. Eso es todo lo que yo le puedo heredar, mijo». ¡Qué sabia la vieja!, no como el tarambana de su padre. Se hacía llamar empresario, pero no era más que un apostador, poniendo el dinero que ya adeudaba en los negocios de cuneta que cualquiera venía a ofrecerle.

Por eso José Pablo estudió, estudió y trabajó. El esfuerzo nunca fue impedimento para él. «El pitbull pobre», le decían los amigos del barrio, por mostrar el mismo esfuerzo al del jugador de futbol, que tanto había conseguido con su tesón.

La idea de tener un negocio siempre había estado presente en Maximiliano, pero consideraba que era muy pronto. Recién había salido de la universidad y se suponía que primero debía hacer carrera en una corporación, adquirir experiencia y juntar capital para luego pensar en crear su emprendimiento.

—Claro que voy a poner mi empresa algún día —contestó Maximiliano—, tendrá tecnología de punta, todos los procesos automatizados. Voy a importar y exportar productos a otros países, nada de estar peleando con las máquinas.

—Algún día. Esas cosas siempre quedan en el olvido. Si yo tuviera la mitad del dinero y de los contactos que tiene tu familia, hace rato que habría puesto mi propia empresa.

—¿Crees que mi viejo me apoyará en esto?

—Claro, si a los turcos les encanta hacer negocios, ¿o no, paisano?

—No sé, él siempre ha querido que me mantenga en la empresa familiar. ¿Cómo le voy a hacer competencia?, eso sería jugarle chueco —respondió dudoso.

—Pero si no vas a robarle clientes. Tú vas a vender otros productos que él no fabrica, mercadería que ni siquiera existe en Chile. Incluso puedes mandarle a tu viejo los clientes que no atiendas.

— ¿Te imaginas?, seríamos los dueños de la mitad de la calle Rosas —Maximiliano ya imaginaba su empresa funcionando.

—Trayendo contenedores como locos, grito y plata —agregó eufórico José Pablo, visualizando en aquellas palabras el estilo de vida que siempre había querido tener.

—Tienes razón, son productos y clientes distintos, podemos complementarnos. Quién sabe, a lo mejor si mi viejo me ve jugando en las grandes ligas, hasta se anima y empieza a traer sus productos de China —comentó riendo.

—Así es —respondió José Pablo levantando su cerveza.

—Pero para jugar en las grandes ligas, necesitaré un socio. ¿Conoces a alguien que esté interesado? —preguntó guiñándole un ojo.

—Si buscas un inversionista, conmigo estás frito. No tengo un peso, pero si quieres un perro fiel que te acompañe en todas para que esta empresa nos haga ricos, cuenta conmigo. —José Pablo le extendió la mano.

Maximiliano cerró el trato que daba inicio a Importext con un abrazo, sin anticipar cuánto dolería la mordida de un pitbull.

EMPRENDER ES INVERTIR

El profesor llegó antes de la hora a la sala de clases. Se sentía todo un organizador de eventos colocando en cada mesa una de las cajas con sumo cuidado. Junto a ellas, iba dejando un pequeño papel con una única instrucción: «Se puede mirar, pero no tocar». Estaba ansioso por ver la cara que pondrían los estudiantes al descubrir la sorpresa. Esperaba que aquella actividad les quitara el sabor amargo del esfuerzo del fin de semana.

Los alumnos comenzaron a llegar. Sus miradas y su atención fueron acaparadas por unas cajas que veían en cada uno de los puestos donde se sentaban.

—¿Qué es esto? —preguntó Sergio.

—¿Acaso nos mandaron una «cajita feliz»? ¡Yo quiero mi juguete! —bromeó Facundo afinando la voz.

Trataban de descubrir el contenido del receptáculo, analizándolo desde distintos lados. Algunos hasta lo olfatearon. Maximiliano gozó viendo aquella escena. Aunque se extrañó de que respetaran la instrucción, lo agradeció.

—Esa caja es una sorpresa —les dijo.

—¿Para nosotros? —Mateo seguía cuestionando aquella metodología.

—Sí, para ustedes, y la vamos a ir descubriendo por etapas. El tema de hoy será «Emprender es invertir». —Escribió el título en la pizarra—. ¿Están de acuerdo con esta frase?

—Sí —contestaron los alumnos.

—Según ustedes, ¿qué se necesita invertir para tener un negocio?

—Dinero —respondieron a coro.

—Todo cuesta dinero —agregó Carolina.

Maximiliano se paseaba entre las mesas tocando algunas de las cajas para aumentar el interés de los estudiantes por su contenido. Recorrió con la mirada a cada uno de sus interlocutores preparando el escenario para el momento en que se encontraran con la primera sorpresa.

—¿Eso quiere decir que si ustedes tuvieran dinero podrían crear una empresa?

—¿Con billetes?, ¡claro que sí! —agregó sin demora Facundo.

—No se hable más. Redoble de tambores —dijo Maximiliano—. Pueden abrir la caja misteriosa.

Los alumnos comenzaron a explorar el tesoro que tenían delante, el brillo de sus ojos delataba la emoción que sentían. Frente a ellos, una caja de cartón como las usadas para guardar zapatos, todas iguales; dentro, un sobre y tres cajas más.

—Pero ¿qué es esto, acaso la matrioshka de las cajas? —exclamó Cristóbal. Comentario que sacó algunas risas incluyendo la de Maximiliano.

—Pueden sacar el sobre de la caja, por favor —indicó el profesor—. Luego deberán cerrarla hasta la siguiente instrucción —agregó con un tono de voz que aludía a las ultratumbas.

Unos estudiantes abrieron el sobre con mucho cuidado. Otros no lograron controlar la ansiedad y lo rompieron deseosos de dar con su contenido.

—Un dólar… —se escuchó decir, con dejos de decepción.

—¡Soy millonario! —Facundo tiró el billete al aire.

—Nunca había tenido un verde en mis manos —agregó Sergio con ironía.

—Ustedes dijeron que para tener una empresa necesitaban dinero. Así que he decidido invertir en sus negocios. Las primeras acciones de sus empresas han sido compradas. Espero que multipliquen mi dinero. —Maximiliano se sobó las manos.

—Pero ¿qué se puede hacer con un dólar? —Sofía miraba el billete por ambos lados como quien tiene la esperanza de que se reproduzca.

—Esto no alcanza para nada —acotó Mateo—. Según el valor del cambio de hoy son ochocientos pesos.

—Jóvenes, escuché que dijeron que con dinero se podía poner una empresa y acá está —dijo el profesor estirando el billete con sus dos manos—, esto es dinero.

—Sí, pero no tan poco — reclamó Carolina.

—Bueno, lamento no poder invertir más —comentó mostrando los bolsillos vacíos de su pantalón.

Los estudiantes comenzaron a conversar con sus compañeros, bien sabían que con aquella cantidad poco o nada podían hacer. Incluso si juntaban todo el dinero del curso no superaban los treinta dólares. Maximiliano notó cómo la desesperanza se apropiaba de la sala y decidió intervenir de inmediato.

—Muchos proyectos, ¡grandes ideas de negocio! pasan al olvido porque los emprendedores se quedan en la excusa de: «no tengo dinero».

—Pero es que sin dinero no baila el mono —agregó Facundo.

—Pues yo les voy a demostrar que ustedes pueden lograr que todos los monos bailen, y hasta con muy buen ritmo. —Maximiliano movió sus caderas al compás de un baile tropical—. Les invito a preguntarse lo siguiente: ¿qué tengo yo para aportar al negocio?

—Inteligencia —respondió sin titubear Mateo.

—Yo pongo mi fuerza —agregó Sergio mostrando sus bíceps.

—No sé si ayudará en algo, pero yo estudié locución. Podría poner mi voz en los videos de la empresa —añadió Sofía dando muestras de su buena dicción.

—Eso es, sigan, tienen mucho valor que agregar a sus emprendimientos.

—Pues yo soy bueno para la tecnología —mencionó Raimundo sin levantar los ojos del celular.

—Y yo tengo más de doscientos mil seguidores en Instagram —se jactó Facundo.

—A lo mejor ese dólar que tienen en sus manos vale poco ahora, pero qué pasaría si con la inteligencia de Mateo inventan un producto, que luego Raimundo convierte en un dispositivo tecnológico escalable y para promocionarlo hacen un video con la locución de Sofía, que será difundido por Facundo en sus redes sociales. De seguro necesitarán los fuertes brazos de

Sergio para cargar los camiones de cajas y cajas de mercadería que van a vender, ¿o no?

Los estudiantes comenzaron a visualizar la posibilidad que se les presentaba. Podían pasar de una idea a tener un negocio funcionando, y con tan solo un dólar. Maximiliano notó en sus miradas que el engranaje empresarial iba tomando forma, tras poner en perspectiva la inversión de aquel pequeño capital. Los dejó disfrutar de sus ensoñaciones unos segundos más antes de darles la siguiente instrucción.

—Por favor, vean ahora el contenido de la caja número dos donde encontrarán la otra fuente de activos más importante de la que dispondrán para crear su empresa.

Con la rapidez de niños de seis años abriendo regalos en Navidad, aquellos universitarios descubrieron el segundo presente: un cubo que en cada uno de sus lados tenía escrita una palabra.

—Ya tienen dinero, o algo de dinero —dijo el profesor con ironía—. De lo que no hay duda es de los grandes aportes que cada uno hará a la empresa: **capacidades**, **talentos**, **habilidades**, **experiencia**, **contactos**, **conocimientos** —relataba Maximiliano mientras los alumnos leían las palabras escritas en las caras del cubo.

—Pero eso no vale nada —comentó Mateo decepcionado.

—La mayoría de las personas piensan que aportar sus talentos, capacidades o sus contactos al emprendimiento no tiene valor, pero se equivocan. Todo eso hay que monetizarlo.

—¿Cómo? —la estudiante se mostró interesada en este punto.

—Muy fácil —respondió Maximiliano—. Sofía, ¿cuánto cuesta un minuto de locución de un video corporativo?

—Bueno, no sé, creo que unos cien mil pesos —contestó dubitativa.

—Ahí tienes el valor. Lo que deben hacer es cotizar ese servicio en el mercado y le adjudicas ese precio. Ese dinero que la empresa se está ahorrando de pagarle a un proveedor externo es su aporte.

—Ya, pero no puedo vender a mis fans —agregó Facundo.

—Eso también tiene precio —contestó Maximiliano—. Tus seguidores en redes sociales son una audiencia a quienes les vas a promocionar un producto. Por lo tanto, debes buscar otro *influencer*...

—Y pedirle una cotización para saber cuánto nos cobraría por hacer publicidad a sus seguidores —interrumpió Mateo.

Maximiliano sonrió y abrió los brazos como recibiendo la gracia divina. Los estudiantes asentían entendiendo el valor de sus talentos en ese momento.

—Ahí está la magia —agregó el profesor mientras miraba su reloj—. Ahora, ¿recuerdan una de las reglas más importante de esta clase? —preguntó levantando su brazo—. La respuesta de los alumnos no se hizo esperar.

—¡El tiempo es oro! —respondieron a coro.

—Exacto —agregó el catedrático mientras les instaba a descubrir el contenido de la tercera caja.

—Un reloj de arena —exclamó Mateo.

La caída de los minúsculos granos, que con rítmica cadencia se deslizaban de un lado hacia otro, hipnotizó a los estudiantes. Cristóbal y Raimundo intentaban coordinar el momento exacto para dar vuelta sus relojes e iniciar una competencia contra el tiempo.

—Este bien tan preciado, o más bien su ausencia, es la segunda razón por la cual las personas abandonan la idea de emprender. La primera es: «no tengo dinero», seguida de «no tengo tiempo».

—Es que son tantas las cosas que consumen el día que uno no se da ni cuenta —comentó con cierta angustia Sofía.

—Los ladrones del tiempo. —Maximiliano se paseó entre los pupitres de los alumnos.

—¿Ladrones? —Facundo lo miró con incredulidad, sabía que el tiempo se le escapaba entre las manos, pero ponía en duda que alguien se lo arrebatara.

—Así es, todas y cada una de las interrupciones que tenemos en el cotidiano: emails, llamadas, notificaciones, redes sociales, es lo que nos roba este activo tan preciado. Para confirmarlo, hagamos un rápido ejercicio. Revisen el tiempo que pasan frente a la pantalla de sus celulares cada uno.

La mayoría de los alumnos tenía su celular encima de la mesa, así que bastó estirar la mano para acceder al equipo. Junto a la información que les entregaba la aplicación comenzaron a aparecer caras de sorpresa y ceños fruncidos. Los jóvenes repasaban mentalmente lo que habían hecho con sus smartphones, tratando de entender cómo siendo tan temprano habían pasado esa cantidad de horas frente a una pantalla.

—Promedio de tiempo en pantalla: tres horas cincuenta y dos minutos. —Mateo fue el primero en entregar su estadística.

—Dos horas cuarenta minutos diarios —dijo Sergio.

—Seis horas y veintisiete —agregó Facundo—, es que tengo que dar respuesta a mis seguidores —se justificó.

—Las excusas se las dan ustedes, pero las estadísticas no mienten. Hagamos un pequeño cálculo —los invitó el profesor—: tres horas diarias, si las multiplicamos por cinco días de la semana, son quince horas, eso al mes equivale a sesenta horas. ¿Qué pasaría si dedicaran esa cantidad de tiempo a sus emprendimientos?

Los estudiantes quedaron en silencio. Conocer tan cruda verdad los había paralizado. Miraban sus celulares y el reloj de arena. Empezaban a tomar consciencia, de que, con cada WhatsApp, cada me gusta, cada video, se escurrían millones de granos de arena de su vida.

—¿Qué contiene la última caja? —preguntó Sofía al notar que el profesor comenzaba a recoger sus cosas para retirarse.

—Cierto, casi olvido revelarles el activo más importante de todo emprendimiento. Véanlo ustedes mismos.

Los alumnos abrieron su último regalo. Dentro de la tercera caja había un pequeño espejo en el que se reflejaba cada uno de sus rostros. Algunos sonrieron al entender de inmediato la metáfora, otros dieron la vuelta al espejo buscando alguna inscripción o nota explicativa.

—Jóvenes, no olviden nunca que el activo más importante de toda empresa, desde el día cero, es la persona del emprendedor. Así es que cuídenlo, y mucho.

La sonrisa de los futuros emprendedores se dibujó en los espejos que tenían en sus manos.

- «No tengo tiempo, no tengo dinero», son excusas que te limitan a emprender. Cuando no tengas excusas, te sobrará el tiempo y el dinero.
- Desde el día uno, tu empresa parte con un gran capital que debes valorizar, tus talentos, capacidades, habilidades, experiencias, contactos, conocimientos.
- El activo más importante de todo emprendimiento es la persona del emprendedor.

LOS PÁJAROS DEJAN EL NIDO

Leonardo Fontecilla escuchaba a los jóvenes que con entusiasmo relataban su proyecto empresarial. Lamentaba que su hijo no siguiera trabajando en la empresa, pero orgulloso veía en su primogénito el legado familiar de ser empresario. Le costaba entender que no quisiera fabricar. Para él, la esencia del negocio era la producción, nada como transformar la materia prima, bailar al ritmo de las máquinas, ver cómo entraba una mota de algodón y salían carretes de hilos de distintos colores. Fabricar era un arte y que la cadena productiva funcionara, un oficio.

—Pero acá tienen un tremendo terreno y pueden usar todas las máquinas, podemos hacer turnos —trataba de convencerles Leonardo.

—Gracias, viejo, pero queremos probar otro modelo de negocio.

—Estuvimos evaluando y nos sale más económico comprar las cosas hechas que fabricarlas. —José Pablo explicaba los gráficos que tenía en su mano intentando no ofender al empresario.

—Claro que es más barato, pero si bajas los costos también bajas la calidad del producto. Miren la ropa china: una puesta y a la basura. Las prendas que se fabricaban antes duraban toda la vida. —Leonardo se ofuscaba ante lo que consideraba una competencia desleal con los productores nacionales.

Su preferencia por las máquinas por sobre las personas. Producir más que vender había limitado el crecimiento de su empresa. Leonardo entendía que debía dar espacio a que su hijo explotara todo su potencial. Maximiliano, en cambio, siempre tan sociable, sin esfuerzo se ganaba la confianza de todos, lo que se traducía en una innata habilidad para vender cualquier cosa. En eso se parecía mucho a su abuelo materno.

El turco, como le decían, había llegado a Chile huyendo de la guerra del medio oriente. Oriundo de palestina, con un apellido que era impronunciable para las autoridades nacionales. El funcionario del registro civil entendió algo como Said y así quedó estampado en su carnet de identidad.

Pero lo que no varió con el cambio de continente ni con los estragos de la guerra fue la esencia de ese apellido que significa alegría. Si algo había siempre en la casa de los Said era grandes celebraciones, derroche de delicias arábicas que las mujeres cocinaban desde bien temprano. Era una falta grave a la hospitalidad que no hubiera comida en un plato o bien el recordatorio a la hambruna que alguno de los viejos del clan debió pasar. En cualquiera de los casos, se armaba un griterío que parecía que estuvieran matando a alguien, el que no cesaba hasta que el invitado tenía fuentes de rellenos árabes delante de sí para servirse.

Ismael Said se instaló con lo que tenía en este nuevo país: unas monedas y su habilidad para negociar. En su pequeña libreta anotaba aquello que las personas de Curicó le pedían, lo que necesitaban y lo que su olfato le hacía intuir que querían, aun sin que los clientes lo supieran. Con su lista de pedidos, iba Talca a comprar. Demoraba más regateando para conseguir precios bajos que lo que tardaba en vender la mercadería a su regreso al pueblo. En menos de un año abrió las puertas de su negocio, que pronto se convirtió en icono de aquella localidad.

El «Emporio Said» llegó a ocupar toda una manzana, podría decirse que fue la primera tienda rural por departamentos. Vendía casi de todo, desde cerdo trozado, quintales de harina, hasta trajes de huaso elegante confeccionados a la medida. Sin duda, el alma de comerciante había sido la mejor herencia que el turco Said le podía haber dejado a Maximiliano.

Su hijo, ya era profesional y ahora empresario, se emocionaba. Por suerte había decidido lanzarse a esta aventura con José Pablo. Él mismo había creado la empresa sin ayuda y vio también, a su suegro batírselas solo para sacar adelante a la familia y al emporio. Sin duda, no quería eso para Maximiliano.

Ser el único dueño del negocio no dejaba espacio para vivir, o por lo menos así lo había sentido Leonardo. Trabajaba sin distinguir domingos, festivos, feriados; era el primero en llegar al negocio y el último en irse, sin permiso siquiera para enfermarse. A la familia le arrendaba una casa en la playa para que disfrutaran durante el verano. Él llegaba los fines de semana para tomar algo de aire, pero la fábrica no se podía parar.

Que Maximiliano tuviera un socio sería una gran ayuda, se podrían turnar para salir de vacaciones y disfrutar de la familia, se apoyarían si faltaban empleados, si había cosas que hacer ahí estarían los dos. Era muy difícil cuando caía todo el peso en una sola espalda. Además, dos cabezas piensan más que una. Tantas noches que estuvo sin dormir por problemas con la empresa que a nadie podía contar. Evitaba decirle esas cosas a su mujer porque sabía se preocuparía, y menos levantar alarma de que faltaba plata para pagar los sueldos a los trabajadores. Todas esas angustias se las guardó para sí. Maximiliano y José Pablo, en cambio, se tendrían uno al otro, como había sido desde el día que se conocieron.

Su hijo entró al colegio feliz, lo único que quería era ir a jugar con los otros niños y aprender los números. Salió corriendo, dejó a su madre con los brazos estirados y las ganas de seguir dándole besos de despedida. Solo alcanzaron a ver los rulos rubios moviéndose al viento y un tropezón. ¡Qué mala suerte!, partir el primer día con caída, rasmillón y llanto. Pero un niño se acercó, lo ayudó a levantarse y se fueron los dos caminando. Desde ese momento, José Pablo fue su compañero de banco, de trabajos escolares, de travesuras, de fiestas.

—Muchachos, cuentan con mi bendición —les dijo Leonardo a los jóvenes que esperaban expectantes su respuesta.

—¿En serio, papá?

—Por supuesto, nada me enorgullece más que se abran su propio camino —contestó mientras con cariño depositaba las manos en los hombros de cada uno.

—Muchas gracias por el apoyo que nos da, contar con su aprobación es muy importante. —José Pablo, emocionado, comenzaba a sentirse parte de una familia de empresarios.

—Solo un par de consejos de este viejo que ya algo de carrete tiene. Este camino no es fácil, así que más que nunca deberán apoyarse en las duras y en las maduras.

—Por supuesto. —Maximiliano pasó el brazo sobre el hombro de José Pablo.

—Y la segunda, con este negocio, y ojalá que así sea, pueden ganar mucho dinero. Espero, que no se le suban los humos a la cabeza y se conviertan en un par de pelotudos.

—¿Más todavía? —respondió José Pablo entre sonrisas y morisquetas.

—Así será, viejo, puedes confiar en nosotros. Ahora, podríamos celebrar con una botella de vino de las buenas —sugirió Maximiliano tentando a los presentes.

—Por supuesto. —Leonardo, emocionado, se levantó de su escritorio en dirección a la cava. Aquella ocasión ameritaba un vino gran reserva.

EMPRENDER CON UN POR QUÉ

Un anciano que miraba la cordillera esperaba a los alumnos que ingresaban a la sala de clases. La curiosidad impulsaba a algunos a tratar de descubrir quién era aquella persona, que imaginaban sería un invitado de Maximiliano. Otros, un tanto desconcertados, se limitaban a saludar.

—Hola —le decían al señor de chaleco café y pantalones del mismo color.

—Buenos días —se limitaba a contestar el anciano sin voltearse, dejando ver la curvatura de su espalda y una mano apoyada sobre el bastón.

A las nueve y cuarto de la mañana, el señor mayor dejó de contemplar la majestuosa y blanca montaña. La rapidez que le permitían sus cortos pasos hizo eterno su proyecto de cerrar la puerta. Los alumnos no sabían cómo reaccionar ante aquella añosa intromisión que se había apropiado del lugar, así que decidieron esperar en silencio. Con la parsimonia de quien tiene todo el tiempo del mundo, el anciano regresó hasta el centro de la sala y por fin levantó su cabeza.

—¿Maximiliano? —Mateo, desde la ubicación en primera fila de la sala, aún dudaba si aquel señor era el profesor.

—Pero ¿qué te pasó? —preguntó Carolina sin entender aquella transformación.

—¡A ti sí que te ha tratado mal la vida! —se burló Facundo.

—Buenos días, queridos jóvenes —respondió el profesor forzando su voz—. Hoy vamos a viajar en el tiempo.

—Esto se parece a una película que vi. ¿No me digas que ahora aparece un auto volador? —interrumpió Sergio.

—Los invito a hacer un círculo y ponerse cómodos. Vamos a conocer nuestro futuro.

El chirrido de las patas de metal de las sillas, arrastrándose sobre el suelo, generó un agudo y ensordecedor ruido. El profesor llevó su índice detrás de la oreja derecha, como quien ajusta el volumen de su audífono. Los estudiantes se colocaron en una posición donde todos podían mirarse a sus rostros.

—Cierren los ojos, por favor, y sigan las instrucciones que les voy a dar —continuó el anciano mostrando una sonrisa de maestro zen.

—A mí esto de la meditación nunca me ha funcionado —alegó Cristóbal.

—¿Puede ser con los ojos abiertos? —Sofía se sentía un poco incómoda con aquella actividad.

—No es meditación, es «imaginería». Vamos a soñar despiertos. Y sí, puede ser con los ojos abiertos, señorita

—Pues a volar se ha dicho. —Raimundo guardó su celular y se dispuso a emprender su viaje.

Los alumnos rieron con aquel comentario en doble sentido y comenzaron a cerrar sus ojos. Apoyándose en su bastón, el profesor caminó hasta el centro del círculo que habían formado con las sillas, y comenzó a hablar.

—Imagínate que hoy es tu cumpleaños. Acabas de cumplir cien años, ni más ni menos que cien años. Has llegado a esta edad de la mejor forma posible: con salud y claridad mental, tienes una familia que te adora, que viene a felicitarte: hijos, nietos, bisnietos. Eres una persona que ha vivido su vida con plenitud, que ha conseguido todo aquello que se ha propuesto, que ha trabajado con sentido haciendo lo que deseabas. Además, has ganado buena cantidad de dinero.

El anciano hizo una pausa para que los estudiantes se conectaran con esa visión. Tomó un sorbo de agua. Las sonrisas que comenzaban a aparecer, los ceños que empezaban a relajarse con las bellas imágenes del futuro daban cuenta que los estudiantes se dejaban llevar por la imaginería.

—Llega el momento de hacer el brindis y agradecer a todos su presencia —prosiguió el anciano—. ¿Qué recuerdos destacas en ese momento con pasión y cariño? ¿Qué acontecimientos te han marcado? ¿Qué personas han sido significativas en tu vida? ¿En qué ocupaste tu tiempo? ¿A qué te dedicabas? ¿Cómo te ganaste la vida? ¿Hay algo de lo que te arrepientas? Recuerda todos los detalles posibles. Tómate un minuto para reflexionar.

Maximiliano contemplaba la ilusión reflejada en el semblante de los pupilos.

—Ahora —continuó con la voz rasposa—, ofrece el mejor consejo a tu yo de veinte años. —El profesor hizo una pausa para que los alumnos eligieran con sabiduría sus recomendaciones—. Por último, mira a todos tus invitados y agradéceles por acompañarte en tu celebración. Cuando estés listo, puedes abrir tus ojos.

El anciano caminó hacia su silla, a paso lento, para dar tiempo a que los estudiantes se despidieran de los familiares y amigos que lo acompañaban. Algunos abrieron los ojos de inmediato, otros se quedaron unos segundos más en su celebración. Se veían brazos que se estiraban adormilados y hasta pañuelos desechables que limpiaban escurridizas lágrimas de emoción.

—¡Qué fiesta de cumpleaños! —comentó entusiasmado Facundo.

—Ojalá todos llegáramos a los cien años —agregó Sofía.

—Bueno, cuenten qué les depara el futuro —dijo Maximiliano.

—Yo, por ejemplo, me imagino siendo una mujer feliz, viviendo en una casa cerca del mar. Me vi con un vestido blanco hasta el suelo y el pelo suelto. Medito y hago yoga. Soy una abuela sabia que ha viajado por el mundo, ha conocido otras culturas; no ha parado de aprender en su vida —comentó ilusionada Carolina.

—Pues mi fiesta estaba llena de amigos en una gran mansión. Se nota que me había ido muy bien en la vida, todo era muy lujoso. Mi discurso lo di acompañado de dos conejitas. —Facundo, con picardía, imitó el gesto de abrocharse una bata de seda.

—Yo me vi junto a toda mi familia, estábamos reunidos en una parcela —agregó Sergio—, una gran familia. Lo que más me ha emocionado ha sido ver todos los trofeos y medallas que había ganado durante mi vida en los eventos deportivos. Incluso la torta tenía la foto mía cruzando la meta de la maratón de Nueva York.

—¡Qué hermosas vidas tienen por delante! —comentó el profesor.

—¿Y tú, Maximiliano? —preguntó Cristóbal—, ¿cómo piensas celebrar tus cien años?, mira que ya estás bastante cerca —agregó haciendo alusión a su interpretación de anciano.

—Me imagino un brindis tomado de la mano de Eloísa, mi esposa, rodeado de nuestros amigos y familiares. Agradecido de todo lo que hemos vivido juntos. Tranquilo, en términos económicos, es decir, sin depender de una jubilación. Durante mi vida espero ser parte del directorio de muchas empresas que me paguen bien por asesorarles y así comprarme algunos inmuebles. Ah, y me aseguraré de que la torta sea de helado o crema —dijo mostrando la falsa dentadura.

El profesor aprovechó para dejar de lado al personaje que los había llevado a conocer el futuro que imaginaban. Se sacudió el talco que se había echado en el pelo para que se le viera canoso y dejó el bastón en el suelo.

—Está claro que todos deseamos una gran vida, pero bien sabemos que eso no será así —señaló Raimundo con cierto pesimismo—. En fin, soñar no cuesta nada.

—Tienes razón —respondió el profesor—, en nuestra imaginación podemos construir una vida idílica, pero de nada sirve sí no pasamos a la acción. Cada uno de ustedes tiene muy claro dónde le gustaría estar dentro de cincuenta, setenta años; ahí está el combustible que les alimentará día a día. Así que deben tomar su decisión ahora, y empezar a trabajar por ese sueño desde ya.

—Para que no se nos pase el tren —agregó Sofía.

—Exacto —el profesor reforzó la acotación.

—¿Qué tenemos que hacer para alcanzar esa vida soñada? —Mateo necesitaba la estrategia concreta a seguir.

Maximiliano sacó de su bolsillo la tarjeta con las notas que usaba para dictar las clases. Fue a la pizarra y escribió: «La clave está en descubrir tu por qué».

—Cuando tienes clara cuál es tu misión, la razón por la que estás en este mundo, nada te detiene —respondió Maximiliano con la mirada perdida en su propio futuro.

—Como enamorarse —agregó Carolina.

—¡Qué buen ejemplo! —comentó el profesor—. ¿Acaso cuando te enamoras tienes dudas de si es amor o no? ¿Te preocupas por llegar tarde a tu casa en lugar de pasar unos minutos más con tu pareja? ¿Te resulta difícil elegir entre ver una serie o salir con tu novia?

—Para nada—respondió de inmediato Facundo.

—Pues lo mismo pasa cuando tienes claro cuál es tu propósito. Ojo, no hablo de una carrera o un trabajo, sino de tu misión en la vida —enfatizó el catedrático.

—¿Y si piensas que es tu verdadera pasión, pero en realidad no lo es? —A Sofía se le hacía difícil pensar en elegir una alternativa para toda la vida.

—Así como con las parejas, puede ser que partas ilusionada con una relación, pero luego descubres que hay otros caminos, y no pasa nada, siempre que seas fiel a ti misma —argumentó el profesor.

—¿Hay personas que nunca descubren su por qué? —preguntó Sergio.

—No, hay personas que no se atreven a luchar por su por qué. Espero que tú no seas uno de ellos —dijo con determinación, apuntando con su dedo a cada uno de los estudiantes.

—No hagan enojar al abuelo, que se nos puede infartar— bromeó Facundo.

—Este viejo ya se va a descansar —comentó jocoso Maximiliano—, pero antes voy a dejarles una tarea. Van a grabar un video de un minuto donde me cuenten cuál es su propósito en esta vida. Planteen cómo piensan alcanzarlo. Deben definir acciones concretas que comenzarán a ejecutar hoy mismo.

—¡Pero miren qué moderno el anciano, con tareas virtuales! —bromeó Carolina.

—A trabajar por su pasión, jóvenes, no esperen a tener cien años, que se pueden arrepentir —agregó el profesor mientras salía de la clase.

- La clave está en tu por qué.
- Todas las personas son capaces de descubrir su misión en la vida, pero pocas se atreven a luchar por ella.
- Hoy es el día, no mañana, para comenzar a trabajar por tu pasión.

PRINCIPIANTES

Maximiliano y José Pablo comenzaron a diseñar el futuro de su empresa. Ya tenían claro que no querían estar metidos en una fábrica arreglando máquinas en espera que produjera un carrete de hilo. La meta era traer un contenedor de productos de China que pudieran revender en todos los locales de paquetería y costura de Santiago.

Pero nada sabían de importaciones. Debían buscar ayuda. José Pablo sería el encargado de contactar a empresas importadoras, mientras Maximiliano recorrería los negocios locales para hacer un catastro de los productos que más se vendían y así saber qué cosas traer del país oriental. Era importante conocer cuál era la mercadería demandada por los clientes para tener siempre aquellos artículos en stock, como el pan caliente que atrae a los compradores a los negocios, pero también agregando mayor variedad y cantidad. Los jóvenes empresarios soñaban en convertirse en los proveedores a quienes los comerciantes del rubro textil recurrieran cuando necesitaran productos o accesorios novedosos.

Transcurrieron las dos semanas que se habían dado de plazo para llevar a cabo sus investigaciones y los socios llegaron con sus avances. Maximiliano traía fotos y listas de precios de la mercadería que los comerciantes locales ofrecían al público. José Pablo llegó con tarjetas de agencias, cotizaciones y muestras de productos que podrían traer de China.

La variedad de colores y texturas de los artículos que se fabricaban en el exterior, abrían un mundo de oportunidades a los emprendedores. El país asiático les ofrecía cordones color neón y con brillo, cuando en Chile lo más osado era encontrar un par de agujetas amarillas o rosadas. Para qué decir los botones, algunos venían hasta con los rostros de los personajes de la teleserie de moda impresos. Todo eso lo podían comprar para luego revender. Los amigos y socios anticipaban que sus clientes se pelearían por sus artículos. Ese era el negocio que soñaban, y querían hacerlo en grande.

Se reunieron con la agencia previamente seleccionada por José Pablo. Además de aprender sobre CIF y FOB, descubrieron que, así como millones de personas hay en China, la misma cantidad encuentras de proveedores y mercadería. Sin embargo, el limitado capital inicial con el que contaban les impedía traer todos los productos deseados. Debían elegir si encargaban un contenedor de cuarenta o de veinte pies, todo dependería de la cotización y de cuánto dinero les prestara el banco.

E-comech, la agencia con la que esperaban trabajar tenía personas que se encargarían de negociar directamente con los fabricantes locales para conseguir los mejores precios. Eso necesitaban los jóvenes empresarios: optimizar hasta el último peso de la inversión.

Casi un mes después, desconociendo si los tiempos del lejano país o del agente contratado eran más laxos de lo esperado, tuvieron la cotización en sus manos. El presupuesto consideraba hasta la cantidad de cajas de cada producto que les llegaría.

—Veintidós millones... es un poco más de lo que habíamos presupuestado —comentó José Pablo mirando la cotización que les había pasado Raúl, el representante de E-comech.

—Una alternativa es traer medio contenedor —respondió ante la objeción el ejecutivo de la agencia de comercio internacional.

—¿En cuánto quedaría? —preguntó Maximiliano.

—Dieciséis millones de pesos —señaló el especialista luego de hacer unos cálculos.

—Pero es más de la mitad —comentó José Pablo.

—Lo más conveniente es traer el contenedor completo, se optimiza el espacio y además no hay que agregar los costos por los tiempos de espera, carga y desaduanaje de los productos de otras empresas. Los chinos esperan hasta que el contenedor este *full* para despacharlo —explicó.

—¿Hay alguna forma de bajar los costos?

José Pablo tomó la calculadora y comenzó a sacar las cuentas. Digitaba el valor del crédito que iban a pedir, la cantidad de productos y el precio al que tendrían que vender para recuperar la inversión lo más pronto posible. Maximiliano se paró detrás de su socio, quien le mostró los números.

—Podemos eliminar los seguros —dijo el agente de E-comech —, con eso la cotización bajará a dieciocho millones.

—¿Qué cubren los seguros? —preguntó el empresario.

—Pues toda la carga. Imagínense que el barco se hunde, el contenedor queda retenido en algún puerto, o si la mercancía que llega viene defectuosa —explicó Raúl.

—Pero ya no estamos en tiempos del Titanic —comentó con ironía Maximiliano.

—Así es, además nuestro equipo se encargará de que todos los productos que suban a ese barco sean los que ustedes quieren para asegurarnos del precio y la calidad ofrecida, y no es menor el ahorro que pueden obtener —el ejecutivo esperaba cerrar aquel negocio a como diera lugar.

—¿Qué hacemos entonces? —preguntó Maximiliano a su socio.

—No sé —José Pablo prefería tener todo controlado y la mayor seguridad posible, pero eran casi cinco millones lo que se ahorraban.

—¿Nos lanzamos con todo JP? —Su deseo de tener esos productos en Chile y comenzar a venderlos minimizaba cualquier riesgo en ese momento.

—¡A morir! —respondió José Pablo tratando de convencerse con aquellas palabras.

—Firmen aquí —pidió de inmediato el representante de la agencia aprovechando el impulso de los emprendedores—. Hoy mismo comenzaré con el papeleo. En treinta o cuarenta días, tendrán sus productos en la bodega. No se preocupen, que de regatear nos encargamos nosotros.

No fue uno ni dos, sino cuatro meses y medio después que llegó la mercadería, período durante el cual debieron pagar las cuotas de un crédito bancario sin tener ingresos con la empresa. Los socios de Importext respondieron a ese compromiso financiero con los pocos ahorros personales que cada uno tenía.

Nada mermó la ilusión que sintieron al recibir su primer contenedor. Maximiliano y José Pablo ayudaron a descargar y apilar las cajas, con la ansiedad de abrir aquellos cofres de tesoros para clasificar todos los productos.

Sin embargo, la euforia pronto se transformó en una decepción que dio paso a una gran frustración y rabia. Los artículos distaban mucho de los que habían visto en los catálogos, ni por asomo tenían la misma calidad. Los orificios que se percibían en el tejido de los cordones mostraban un claro ahorro de materia prima. Los botones eran tan delgados como capas de cebolla. Habría que usar la aguja más fina para cocerlos evitando así que se partieran. Y los hilos elásticos no se estiraban más de diez centímetros. Una estafa a guantes blancos.

En la cabeza de Maximiliano retumbaba la frase que tantas veces había escuchado decir a su padre: «si quiere algo de buena calidad, fabríquelo». José Pablo pensaba en los veinte millones invertidos que debían devolver al banco y que con esa basura de mercadería no iban a poder recuperar. Indignados, llamaron al representante que les importó aquellos productos, pero su respuesta fue escueta: «no hay nada que podamos hacer, la carga no estaba asegurada».

No sabían si llorar, gritar, maldecir o quemar todas aquellas cajas. Sentados en el piso del galpón de la casa de Maximiliano, que les servía como bodega, estaban los jóvenes empresarios. Millones de artículos que prometían ser el despegar de sus sueños se convirtieron en una deuda que pesaba más que el conteiner que los trajo de China. Una vergüenza mayor que la de vender aquellos productos de quinta categoría los sumía en un estado de desesperación: la del fracaso.

EMPRENDER ES DISCIPLINA

El profesor estaba absorto con su teléfono. Parecía a punto de pasar el nivel más difícil del último juego de moda. Los alumnos no sabían si interrumpirlo o dejarse llevar por la imitación y sacar sus teléfonos para ponerse a jugar también.

—He alcanzado la insignia dorada —dijo con entusiasmo a los estudiantes.

—¿Qué juego te descargaste? —preguntó Raimundo, verbalizando el interés que todos sus compañeros mostraban por descubrir qué era aquello que acaparaba la atención de Maximiliano.

—Ya lo van a tener todos —respondió—. Por favor, descarguen la aplicación *Step by step*.

—¿Acaso vamos a prepararnos para una maratón? —Sergio comenzó a entusiasmarse.

—Metafóricamente, sí.

Maximiliano caminó por la sala de clases. Revisaba que los alumnos tuvieran descargada la app en sus dispositivos. Raimundo se convirtió pronto en su ayudante, colaborando con los compañeros que tenían alguna dificultad para conversar con la tecnología.

—¿Y de qué se trata esto? —Facundo quería comenzar a jugar.

—Hoy nos iniciaremos en el hábito de formar hábitos —respondió el profesor dejando los ceños fruncidos de sus estudiantes—. Esta app nos ayudará.

—Pues parece que vamos a tener que bajarnos otra que nos explique cómo funciona esta —comentó Mateo que se disponía a buscar videos tutoriales.

—Vayamos de atrás hacia adelante. —Maximiliano comenzó a tocarse las yemas de los dedos como solía hacer cuando quería contabilizar algo—. Todos ustedes han definido una meta, un objetivo vital, un propósito ¿cierto?

—Sí —respondieron a coro los estudiantes.

—Esa meta no se alcanza de la noche a la mañana ni por arte de magia, se va construyendo paso a paso. —Hizo alusión al nombre de la aplicación—. Cada paso que vayan dando requerirá de disciplina y compromiso.

—Y motivación —agregó Sofía.

—La motivación te hace partir —respondió el profesor—, pero es efímera. ¿Acaso despiertan cada día cien por ciento motivados por hacer todas las actividades que les depara la jornada?

—Es que no hay motivación que valga para las cosas que a uno no le gusta hacer —comentó Cristóbal.

—Exacto. —Maximiliano disfrutaba con el diálogo de los estudiantes —imagínense que la motivación es un amor de verano, maravilloso, intenso, fugaz. Ahora, si quieren que esa relación dure por mucho tiempo, a pesar de las discusiones y los problemas a los que se puedan enfrentar, hay que comprometerse a dar lo mejor de uno cada día.

El tema de las relaciones de pareja era un anzuelo que siempre atraía la atención de los jóvenes. Como peces tras la carnada, seguían con la vista al profesor sin perder una palabra de su relato.

—Yo me quedo con los amores de verano —se jactó Facundo de su historial de conquista.

—Eso es porque aún no has encontrado tu verdadera pasión —respondió el profesor.

—Pero construir un matrimonio para toda la vida es muy difícil — agregó Carolina rememorando su experiencia de fracaso de pareja.

—Por eso hay que ir paso a paso. No se conmemoran las bodas de oro sin haber convivido bajo el mismo techo una semana; tampoco se celebran los cien años rodeados de los familiares y disfrutando los logros que has alcanzado durante toda la vida sin haber iniciado la primera tarea. No tienes un canal de YouTube sin haber grabado un video —ejemplificó.

Emprender es fácil si sabes cómo

—Entonces ¿cómo se hace? —interrumpió Mateo.

—Lo primero es reconocer que no siempre estarán motivados, ahí es donde la disciplina juega su papel importante. —El profesor hizo una pausa para recalcar el mensaje—. Basta de poner todos los huevos en la canasta de la pasión. Es fácil ser disciplinado cuando tienes la motivación para hacer las cosas, pero muy difícil sostener la ejecución de esas tareas en el tiempo sin disciplina.

—Hola, mi nombre es Facundo y soy un motivado indisciplinado —reconoció en tono burlesco el estudiante frente al grupo.

—Paso uno logrado —reforzó Maximiliano.

—Según los programas de adicciones, son como doce pasos —comentó Cristóbal —. ¿Es necesario recorrerlos todos?

— Paso dos —indicó el profesor—: para ser disciplinado hay que definir la meta. Esta parte, ustedes, ya la tienen clara.

—Visualizo mi gran objetivo cada día —respondió Sergio con seguridad.

—Ahora lo que deben trabajar es en la fragmentación de esa gran meta en objetivos más pequeños.

El profesor fue hacia la pizarra y comenzó a dibujar varios caminos. Colocó obstáculos como flores carnívoras, tortugas atacando, monedas y premios. Al final, un gran castillo.

—Como en un video juego, vayan marcando las etapas por las que deberán avanzar, los desafíos que tendrán que enfrentar, las vidas que van a ganar hasta llegar al castillo de la princesa —explicó usando el dibujo.

—Maximiliano, ya nadie juega Mario Bross —comentó Raimundo, quien había entendido la referencia al juego estrella del siglo pasado.

—Bueno, ustedes entendieron el ejemplo —respondió un poco avergonzado.

—Entonces, lo que tenemos que hacer es nuestra hoja de ruta. —Mateo mostró el mapa mental que había hecho—. La idea es ir avanzando por cada etapa hasta conseguir el objetivo.

—Mejor explicado imposible —felicitó el profesor.

—Fácil decirlo, pero hacerlo es otra cosa. —Carolina veía el desafío que implicaba la tarea.

—«Crea un hábito y súbete en él», dicen los estudiosos del tema. —Maximiliano se puso de pie para darle énfasis a su discurso—. Los hábitos son el boleto que les permitirán ser disciplinados y, por ende, alcanzar cualquier objetivo que se propongan.

—¿Y dónde queda la parte del juego? —Facundo mostró el celular.

—Esa app les ayudará a consolidar cualquier hábito que quieran incorporar en sus vidas. Una vez que una actividad se convierte en rutina se realiza en forma automática, no se piensa, no se cuestiona, tampoco les implicará mayor desgaste de energía.

Maximiliano usaba todo su cuerpo para traspasar a los estudiantes aquellas enseñanzas. Por experiencia personal, sabía que se puede generar un cambio en el estilo de vida, incorporando nuevos hábitos.

—Piensen en los hábitos que ya tienen adquiridos —instó.

—¿Como cepillarse los dientes? —preguntó dubitativa Sofía.

—O hacer ejercicios, el cuerpo me lo pide. —Sergio imaginó las escaladas los fines de semana.

—Acostarme de madrugada, no hay caso que me duerma antes de las dos. — Mateo reflejaba el cansancio de las desveladas en su rostro.

—Fumar después de tomarme un café. —Cristóbal saboreó aquella experiencia.

—Así es, cualquier conducta que por la repetición se haya hecho parte de su rutina se transforma en un hábito, para bien o para mal. —El profesor remarcó la frase.

—Entonces, lo que hay que hacer es repetir las cosas hasta acostumbrarse —comentó Facundo.

—Una y otra vez, pues según la neurociencia comenzamos a actuar en automático con estas nuevas conductas al cabo de treinta y tres días. Continuemos con el siguiente paso: llevar el registro de nuestro avance. Lo que no se mide no se puede mejorar.

El profesor tomó su celular y abrió la aplicación. Los alumnos lo imitaron. En la pantalla, una pared de ladrillos les dio la bienvenida.

—¿Pero esto es un juego de construcción? —comentó Carolina con cierto rechazo al ver la imagen.

—Vamos a construir nuevos hábitos —respondió el profesor—. Primero deberán elegir qué conductas quieren incorporar o cuáles eliminar. Anótenlo en la aplicación.

—Bajar de peso —dijo de inmediato Sofía, quien siempre había estado en la batalla con los kilos.

—Acostarme más temprano —agregó Mateo.

—Tomo estos ejemplos para explicarles algo importante —intervino el profesor—. Si quieren alcanzar una meta hay que definirla bien, de lo contrario no tendrán un norte claro. Bajar de peso es ambiguo. ¿Cuántos kilos quieres bajar en total, Sofía?

—Diez kilos sería ideal; siete, aceptable —respondió la joven.

—Pues debes especificar tu meta porque entre diez y siete hay tres kilogramos de diferencia. —Maximiliano sabía cuántas batallas se abandonaban por no tener bien definido el objetivo.

—Vamos con todo entonces, diez kilos. —La estudiante se comprometió ante el curso que con un aplauso reforzó su actitud.

—Para alcanzar esa meta tu objetivo podría definirse de la siguiente forma: bajar todos los días 303 gramos de peso. Al cabo de treinta y tres días, habrás bajado los diez kilos que quieres —ejemplificó el profesor.

Sofía esbozó una sonrisa. Trescientos gramos diarios se le hacía una meta totalmente alcanzable. Por primera vez, sintió que podría lograrlo.

—Al hueso los objetivos —dijo Sergio.

—Cuando los planteas tan acotados, mentalmente ves más fácil el desafío —agregó Sofía.

—Por supuesto, al dosificar ese gran objetivo es mucho más fácil enfrentarse a la tarea. —Maximiliano continuó con la explicación—. Piensen que la función de nuestro cerebro es mantenernos vivos, y para sobrevivir, necesitamos la décima parte de una caloría por minuto. Sin embargo, incorporar nuevas conductas genera un gasto energético de 1,5 calorías por minuto. Nuestro sistema de operaciones central —dijo señalando su cabeza— lo considera un atentado contra la supervivencia y se resiste. Por eso hay que engañarlo diciéndole que el esfuerzo que tendrá que hacer no será tan grande.

—¡A lo que hemos llegado, conversar y mentirle a nuestro cerebro! —señaló Facundo con ironía.

—Luego de ingresar nuestro objetivo, ¿cómo seguimos? —Mateo quería dejar registrada la información que lo llevaría a su nuevo hábito.

—Para continuar, marquen la cantidad de días que repetirán esa conducta. Menos de un mes no tiene ningún sentido porque no se instala el hábito —explicó Maximiliano—. Después aparecerán las imágenes de varias casas, ¿las ven?

—¡Esta está de lujo! —Sofía quedó prendada de la casa moderna con vistas al mar.

—Yo elijo la mediterránea —dijo Cristóbal seleccionando su preferencia.

Los distintos estilos de casas entretuvieron a los estudiantes. Pasaron las imágenes de mansiones, casas en la playa y otras pequeñas y más sencillas. Todo dependía del objetivo que se plantearan y el esfuerzo con el que quisieran comprometerse.

—Pues bien —intervino el profesor—, todos los días, al cumplir su objetivo, van a registrarlo en la app y la casa de sus sueños, así como el hábito, se irá consolidando.

—¿Qué pasa si olvido ingresar la información? —preguntó Mateo.

—Como este es un esfuerzo diario, el juego les da la opción de dejar de incorporar el registro por una vez. Pero, atención, si durante dos días consecutivos no llevan a cabo su rutina, la casa se desplomará y deberán partir desde cero.

—Esto es muy estresante —alegó de inmediato Facundo.

—Incorporar un nuevo hábito es difícil, no se los voy a negar —comentó el profesor —pero al quedar enraizado como una costumbre, los beneficios son innumerables.

—Esto es como hacer el servicio militar —ejemplificó Facundo.

La tensión en la sala de clases iba aumentando. El rechazo que sentían los jóvenes se hizo evidente. Pronto comenzaron a conversar entre ellos, intercambiando sus impresiones sobre aquel imposible desafío.

—La disciplina no es un ejército dictatorial que les estará dando órdenes todo el día. Es una herramienta que les facilitará la vida y aumentará su auto confianza y el respeto que tienen otras personas hacia ustedes. —El profesor no desistía en su afán de mostrar los beneficios de incorporar nuevos hábitos en su rutina.

—¿La disciplina? —preguntó con incredulidad un alumno.

—Así es —dijo con convicción Maximiliano—. Ser disciplinado te confirmará día a día que puedes, que eres capaz. Cada vez que marques en tu registro el objetivo cumplido tendrás la sensación de haber dado un paso que te acercará a la meta.

—Al ver los logros sientes que el esfuerzo vale la pena —dijo Raimundo quien hasta el momento solo se había dedicado a analizar las funcionalidades de la app.

—Exacto —confirmó el profesor—. Luego deja de ser un esfuerzo para convertirse en parte de tu rutina.

—De verdad me encantaría hacer estos cambios —Sofía se imaginaba con la apariencia que siempre había soñado.

—Y lo puedes lograr. —Maximiliano se acercó a la joven—. La disciplina te regala respeto y admiración en primer lugar hacia ti misma porque te convences de que eres una persona que cumple lo que se propone; te valoras. Después llega el reconocimiento de las otras personas.

—¿De los otros? —preguntó Facundo interesado.

—Por supuesto. Esa actitud pronto es percibida por el resto de tus conocidos que confiarán en ti. Luego comenzarán a preguntarte sobre tus estrategias para alcanzar las metas, porque también querrán obtener los mismos resultados en su vida —agregó.

El profesor dijo estas últimas palabras mirando a Facundo a sabiendas de lo importante que era para el alumno el reconocimiento social. El *influencer* ya se imaginaba haciendo videos y comentando a sus seguidores cómo había alcanzado el éxito.

—¡A construir se ha dicho! —exclamó Sergio con energía.

—Lo importante es que sea paso a paso, un ladrillo a la vez —enfatizó el catedrático—, para que la casa quede con cimientos que duren para toda la vida.

- Los hábitos son el boleto que te permitirán alcanzar cualquier objetivo que te plantees.
- La disciplina no es un ejército dictatorial que te estará dando órdenes todo el día, es una herramienta que te facilitará la vida y aumentará tu auto confianza.
- Emprender es un hábito que te permitirá hacer tus sueños realidad.

UN MENTOR DE NEGOCIOS

Leonardo reconocía la preocupación en su hijo. ¿Cuántas veces se había visto abrumado por los problemas del negocio? Se sentó junto a Maximiliano en la banca bajo el parrón de uvas y le extendió una copa de vino.

—¿Sabes? —comenzó a hablar Leonardo—, durante todos estos años a cargo de la fábrica, muchas veces me he sentido como tú ahora.

—Si quieres restregármelo en la cara, puedes hacerlo —contestó Maximiliano sin atreverse a levantar la mirada que tenía fija en las pequeñas ondas color burdeos del líquido en su copa.

—¿Qué cosa? ¡Te lo dije! No creo que haya alguien que se recrimine más que tú en estos momentos.

—Me advertiste y yo no te escuché.

—Hijo, yo hablé desde mis miedos, jamás me hubiese atrevido a hacer esa jugada en los negocios.

—Por algo será —reconoció su tozudez.

—Porque no tengo las agallas que tienes tú.

Aquella respuesta llamó la atención de Maximiliano, quien se dio vuelta para mirar a su padre. Leonardo tomó un sorbo de vino esperando encontrar en el licor la fuerza para continuar hablando.

—Para mí siempre estuvo bien todo lo que pudiera manejar, por eso fabrico, porque tengo el control de todo el proceso; eso me hace sentir seguro, aunque sea lento y, como tú dices, poco productivo.

—Y así te has mantenido por cuarenta años. En cambio, yo a la primera me voy a la mierda.

—¿Acaso crees que no he cometido errores? —le increpó Leonardo—. ¿Por qué crees que la máquina para hacer las puntas automáticas de los cordones no se usa?

—Tú dices que ninguna máquina supera a la señora María haciendo ese trabajo.

—Qué bueno que mi mentira haya resultado.

Una suave brisa refrescó la conversación. Padre e hijo sonrieron.

—Para importar esa máquina, que me costó una fortuna, saqué todos mis ahorros. Tu mamá me pasó el dinero que tenía para arreglar la casa, pero aún así no me alcanzaba. Tuve que pedir un crédito al banco. Quedé endeudado por tres años y la despuntadora solo funcionó seis meses. Importar los repuestos me costaba casi lo mismo que volver a comprar la máquina.

—Por eso siempre la mandabas a arreglar al mecánico —afirmó Maximiliano, quien recién entendía que su padre buscaba la mejor opción para mantener su empresa funcionando, con los recursos que tenía a la mano.

—Sí, Luis, hacía lo mejor posible, pero eran parches que duraban un par de meses, así es que me cansé y contraté a la señora María. Me olvidé de la maldita máquina. —Leonardo hizo un gesto con su mano como quien tira al olvido un gran peso.

—¿Y qué hiciste para salir de ese entuerto? —preguntó a su padre.

Maximiliano escuchaba con total atención. Absorbía junto a cada trago de vino la sabiduría que Leonardo le estaba compartiendo.

—Al día siguiente, me levanté a la misma hora de siempre, abrí la fábrica y puse las máquinas en funcionamiento —contestó Leonardo.

—Pero yo no tengo nada, solo cajas de baratijas que nadie va a querer.

—Hijo, recuerda que vendías corazoncitos hechos con clips en el colegio. Los botones, hilos y accesorios que tienes en esas cajas son productos que, de seguro, alguien necesitará.

—No me atrevo a presentarme ante los clientes y ofrecerles esto. —Señaló con desprecio las cajas de mercadería que asomaban en la bodega.

—Estás pensando en los clientes de las paqueterías grandes, los que tenías en tu lista, esos a quienes ibas a ofrecer un súper catálogo.

Leonardo habló imitando el actuar de Maximiliano con aires de grandeza. Desde pequeño, su hijo se expresaba como si fuese el dueño del mundo.

—Ahora tendrás que buscar otro tipo de clientes.

—¿Cómo?

—Hay clientes que quieren productos de primera calidad y de los más variados estilos, pero hay otros que necesitan los más económicos; esos son a los que tienes que ir a vender.

—Tienes razón, puedo vender estos productos a los dueños de negocios chicos, incluso ofrecerlos en regiones donde no les llega mercadería y tienen que venir a comprar a Santiago. —El viejo empresario asentía—. Y podría pedir otro crédito al banco para importar un nuevo contenedor a China, eso sí, con productos de calidad y asegurado.

La pasión hacía brillar nuevamente los ojos de Maximiliano. Leonardo dio un sorbo de su vino mientras veía cómo aquel consejo despertaba la esperanza en su hijo. Pero no podía dejarlo cometer el mismo error dos veces.

—¿Te acuerdas de la única regla que te puse cuando comenzaste a vender cosas en el colegio? —preguntó Leonardo.

—Que no me darías crédito.

—Exacto. —El empresario se giró para quedar de frente a su hijo—. La razón por la cual lo hice no fue un capricho ni por negarte un par de pesos, sino para que aprendieras que en los negocios se invierte lo que se gana y no lo que se debe.

—Hace una hora pensaba que había perdido el negocio, ya me veía regalando los productos solo para liberar el espacio de la bodega. Tú, con un vino y una buena conversación, me has mostrado una alternativa para salir adelante.

—¿Qué crees que tomaban Sócrates y sus discípulos? —Leonardo levantó su copa sonriendo.

Tantas peleas con su padre por tener visiones distintas de los negocios y ese día, recibía el consejo del hombre más viejo y sabio de la tribu. Maximiliano sentía un profundo agradecimiento.

—¿No piensas que soy un fracasado?

—¿Cómo se te ocurre pensar eso? —lo abrazó—. Tienes una gran pasión que te hace sentir que puedes conseguir todas las cosas que se te ocurren, incluso ignorando los riesgos que conllevan. Así has sido desde chiquito, siempre había que tener cuatro ojos contigo porque lo que te pasaba por la cabeza lo hacías.

—Como querer volar. —Riendo, mostró la pierna derecha que evidenciaba la cicatriz de la herida, que se hizo tras lanzarse del árbol con la capa de Batman.

—Hasta los superhéroes tienen a alguien con quien conversar. Me alegra que en algo te sirva escuchar a este viejo empresario. Yo con gusto te comparto mis experiencias.

El sonido de las copas al chocar selló aquel acuerdo. Ese día, Maximiliano descubrió a su mentor de negocios.

EMPRENDER ES HACER

Maximiliano estaba sentado en el borde de su escritorio esperando que los alumnos se acomodaran para iniciar la clase. En la pizarra escribió lo siguiente: «Hay una nueva idea de un millón de dólares dirigiéndose hacia ti a la velocidad de la luz en este momento, ¿qué harás con ella cuando llegue?».

—Espero que estén preparados, hoy vamos a conquistar la idea del millón —dijo el profesor subiendo y bajando la mano derecha como quien administra una máquina registradora que está entregando dinero.

—¡Al fin! —exclamó Cristóbal.

—Como dice la canción: *vamos por nuestro primer millón* —agregó Carolina frotándose las manos.

—Pero antes —señaló añadiendo algo de suspenso—, déjenme compartir con ustedes una historia.

Maximiliano se puso de pie y comenzó a pasearse por la sala para dar inicio a su relato. Los alumnos se acomodaron en sus asientos a la espera de la anécdota prometida.

—El sábado me encontraba en un asado familiar, en esos donde por regla general los hombres se reúnen alrededor de la parrilla y se conoce a la mayoría de las personas. Sin embargo, hubo un invitado que despertó mi curiosidad: Jaime, el novio de turno de una de las sobrinas de mi esposa. El chico, de unos treinta años, con una locuacidad magnética, comentaba sobre una nueva idea de negocios. Su objetivo era importar de China unos *gadgets*, que estaba seguro causarían furor entre los *millenials*. «Si traigo un contenedor lleno de accesorios tecnológicos y luego los vendo por Internet triplicaré su valor. Descontando los gastos, más o menos quedarían para el bolsillo cuarenta millones de pesos», decía el nuevo integrante de la familia con el entusiasmo de quien se ha ganado la lotería.

—¡Negocio redondo! —comentó Sergio desde el fondo de la clase.

—Así es —respondió Maximiliano—. Aquel proyecto lucía muy atractivo. Incluso el suegro de Jaime, orgulloso del buen ojo de su hija, se jactó reconociendo: «No les digo yo, este hombre es el de las mil ideas».

—Ojalá mi suegro pensara lo mismo de mí —dijo Facundo.

—¿Cuál de todos? —se escuchó decir entre risas.

El estudiante cruzó la mirada con el compañero que sospechaba había lanzado el chiste, que tan poca gracia le había causado. Raimundo sonrío burlescamente asumiendo la autoría.

—El hombre de las mil ideas —continuó el profesor desviando el foco de la tensión entre los dos alumnos—. Aquella frase me dejó pensando así que decidí investigar. ¿Creen ustedes que por tener tantas ideas Jaime es una persona especial?

—Hasta ahora no tiene nada de especial ese florero de mesa —contestó con ironía Facundo.

El profesor escribió en la pizarra el número: 1.080.000.000.000.000

—Esta cifra, que ni siquiera puedo leer, es la cantidad de ideas que las personas logran concebir a lo largo de sus vidas. Para que tengan un referente, supera a todos los átomos que hay en el universo.

—Es decir, tener ideas sería tan fácil como respirar —comentó Mateo.

—Imagínense que solo en un día podemos generar más de setenta mil. Cristóbal, ¿recuerdas cuando te dije que hablaríamos de vender las ideas? —preguntó el profesor.

—He estado esperando ansioso —respondió el joven con entusiasmo.

—Pues ese día ha llegado.

Maximiliano escribió la siguiente operación en la pizarra: «El diez por ciento de setenta mil, igual a siete mil». Se dio vuelta para explicar a los alumnos.

—Como se habrán dado cuenta, tienen una mina de oro en su interior. Setenta mil ideas. Imaginemos que solo venden el diez por ciento al valor de un dólar, serían siete mil dólares cada día, nada mal —dijo mientras aplaudía con sarcasmo ante el posible negocio que proponía a los estudiantes.

—¿Crees que alguien estaría dispuesto a pagar por lo que pienso? —cuestionó Cristóbal.

—Eso lo descubriremos ahora. Elijan un par de esos pensamientos brillantes que tengan, van a salir a venderlos —señaló el profesor.

—Pero ¿cómo vamos a vender ideas? —Sofía pensó que aquello era una tomadura de pelo.

—Fácil. Vayan a la calle, elijan a una persona y se la venden.

—¿Quién va a comprar algo que no existe? —Carolina trató de aplicar algo de sentido común a lo que consideraba una tarea descabellada.

—Alguien que las necesite —refutó Maximiliano sin inmutarse.

—Pero si todos producimos tantas ideas, ¿por qué alguien querría comprar más? —preguntó Mateo.

Las caras de aquel grupo de jóvenes mostraban el total desconcierto ante la actividad que el profesor insistía en que realizaran. Trataban de detectar en qué momento Maximiliano les diría: «Tranquilos, es una broma». Pero en lugar de retractarse, con cada frase se veía más seguro.

—Parece que se están complicando con esta tarea. Les propongo hacer el ejercicio al revés —comentó el empresario—. Salgan a recorrer el barrio y elijan un negocio de los que están cerca de la universidad, cualquiera sea su rubro. Pidan hablar con su dueño y descubran cuál es la idea millonaria detrás de esa empresa.

—¿Tenemos que entrevistarlos? —A Raimundo no le agradaba tener que interactuar con personas extrañas.

—Así es. Indaguen cuánto tiempo llevan con su negocio, su historia, cuántas personas tienen contratadas. Pregunten y obtengan consejos para sus futuros emprendimientos.

—¿Ahora? —preguntó Carolina.

—¿Les queda alguna duda? Tienen cuarenta minutos para traer esa valiosa información. Salgan al mundo a aprender de empresarios reales.

Maximiliano miró inquieto su reloj, había pasado el tiempo indicado y los estudiantes seguían sin regresar. Los fantasmas del profesor, al que dejan plantado, comenzaron a aparecer cuando escuchó conversaciones de jóvenes que se acercaban por el pasillo. Con quince minutos de retraso, llegó el último de los alumnos.

—Bueno —dijo con un tono de sarcasmo en su pregunta—, ¿cuántas ideas descubrieron para vender y convertirse en millonarios?

—Maximiliano, nos quedó claro que no existe la idea del millón de dólares —comentó Cristóbal mirándolo de reojo.

—Lamento haberles hecho pasar por este mal rato —respondió el profesor tratando de sonar amable.

—¿Quién dijo que lo pasamos mal? —contestó de inmediato Facundo.

—Para nada —replicó Cristóbal—. Es cierto que ha sido un poco decepcionante descubrir que las ideas, por muy buenas que sean, no valen nada si no se ponen en marcha. Como me dijo la señora Estela, dueña de la sanguchería de la esquina quien me preparó el mejor lomito italiano que me he comido en mi vida: «Las buenas ideas no son la empresa, pero tener una empresa sí que es una buena idea».

—Qué sabia la señora Estela, ya me dejaste tentado con ese sándwich —acotó salivando el profesor.

—Yo entrevisté a Julián, el dueño de la lavandería que está frente a la Facultad de Medicina —dijo Carolina—. ¿Sabían que tiene una cadena de veinte locales? Y pensar que junto a su señora partió con una lavadora y una secadora en su casa. Julián me enseñó que: «No existe la idea del millón de dólares, pero con esfuerzo y perseverancia puedes tener una empresa que valga un millón de dólares».

—Ídolo —Sergio aplaudió aquella enseñanza.

—Las ideas como piedra angular de los emprendimientos están sobrevaloradas —argumentó Maximiliano—. Me alegra que lo hayan descubierto de primera fuente.

—La dueña de Las Regias, donde compramos los almuerzos, me contó que inició el negocio con su hermana sirviendo comida casera —contó Sofía—. Según «la regia», como le gusta que le digan: «emprender no es tener un sinfín de ideas, sino un sinfín de cosas por hacer».

—Cien por ciento de acuerdo. Emprender es un verbo que implica pasar a la acción. —El profesor ratificó los hallazgos de la estudiante.

Todos los alumnos relataron orgullosos las entrevistas que habían realizado, destacando las cualidades de los empresarios, incluso haciéndoles publicidad a sus negocios. Mateo no dejó de tomar notas. Entusiasmado, escribió todas las frases que los emprendedores locales les habían compartido, por quienes comenzó a sentir una profunda admiración.

—¡Excelente trabajo! —expresó Maximiliano luego de ver el aprendizaje que se llevaban los jóvenes ese día—. Ahora, déjenme terminar de contarles la historia de Jaime. Yo también hice mi entrevista el sábado.

—Sí, dinos qué aprendiste del negocio de los «gadgets» —dijo Cristóbal deseoso de saber en qué había terminado aquel asado.

—Bueno, solo hice un par de preguntas al chico de las mil ideas, la primera: «¿Cuántas de esas ideas has puesto en marcha?». Su respuesta, miles de excusas. Así es que le hice otra pregunta, y sin ánimo alguno de echarle leña al fuego —sonrió el profesor con malicia —: «¿Cuánto has ganado con cada una de esas ideas?». Silencio absoluto. Jaime desapareció el resto de la noche.

—Ese Jaime es un charlatán —exclamó Facundo.

—No hay que ser tan duros —contestó Maximiliano guiñándole un ojo con la intención de suavizar sus palabras—. Como habrán podido aprender en la clase de hoy, existen dos categorías de emprendedores: los enamorados de las ideas, como Jaime, y los emprendedores que ponen el foco en lo que tienen que hacer para rentabilizar su idea, es decir, los hacedores, como todos los que ustedes entrevistaron hoy.

—Después de la cátedra de los empresarios del barrio, tengo muy claro en qué grupo quiero estar —ratificó Sergio.

—No es magia —agregó el empresario—, es la ley de Newton. Para cada acción hay una reacción. El éxito de la empresa dependerá de dónde ponen el foco, en la idea o en su ejecución.

—Como nos dices siempre: «emprender es hacer». Manos a la obra, que de ideas no viven los negocios. —Cristóbal estaba convencido de que debía salir a vender algo más que ideas.

—Bueno, les dejo la tarea. —Maximiliano aprovechó el entusiasmo para proponer el siguiente paso—. Conviertan esa idea de negocio que tienen en un producto o servicio que puedan vender y les permita crear su futura empresa.

El profesor dejó en la pizarra la tarjeta con los tres puntos claves de la clase. Esta vez, sus enseñanzas se vieron enriquecidas. Mateo agregó las frases de los empresarios locales que tanta sabiduría les habían traspasado aquel día.

- La idea, como piedra angular de los emprendimientos, está sobrevalorada.
- Emprender es un verbo, implica pasar a la acción.
- Existen dos categorías de emprendedores: los enamorados de sus ideas y los que ponen el foco en rentabilizar esa idea.

Las buenas ideas no son la empresa, tener una empresa sí que es una buena idea.

No existe la idea del millón de dólares, pero con esfuerzo y perseverancia puedes tener una empresa que valga un millón de dólares.

Emprender no es tener un sinfín de ideas, sino un sinfín de cosas por hacer.

CAMINO A LA SUPERVIVENCIA

La mesa plástica que tenían en la bodega era el centro del escenario preparado por Maximiliano para su presentación. La misma que usaban como escritorio, para almorzar, y para desarrollar su estrategia de negocios. Ese día fue depositaria de un nuevo plan que procuraba revertir el traspiés con el que Importext había partido.

—¿Qué te parece la idea? —le preguntó Maximiliano a José Pablo.

—No sé, es un tremendo esfuerzo. Aumentaría los costos por los viajes.

—Pero es una opción para vender la mercadería. Aquí, en Santiago, nadie querrá esta bagatela; en cambio, en regiones no tienen muchas opciones donde elegir —argumentó con pasión.

—Eso es cierto, pero ir uno a uno a los boliches perdidos en el campo… —José Pablo no se convencía con aquella propuesta.

—Ahí es donde está el cambio que quiero darle. Acá tenemos que ir directo a ver a cada cliente para dejarle un stock de productos, pero en regiones podríamos operar con cadena de distribuidores. —Maximiliano, entusiasmado, transmitía su nuevo modelo de negocios.

—¡Ahora sí que te volviste loco! Cadena de distribución y logística, ¿algo más? —preguntó su socio con ironía.

—No me estás entendiendo.

Maximiliano sacó un mapa para ilustrar su estrategia. Estiró el papel a lo largo de la geografía de Chile y se centró en las regiones aledañas al Gran Santiago para explicarle a José Pablo el nuevo plan.

—Mira, acá tenemos Rancagua, todos estos pueblos y comunas antes de venir a Santiago van a comprar a la ciudad.

Ahí es donde tenemos que buscar un colaborador que se quiera convertir en nuestro distribuidor. El objetivo es que nos compre como mayorista y revenda los productos; de la misma forma por cada región del país. Luego que tengamos los contactos, sólo tendremos que continuar con los despachos.

—Así, una vez que vendamos esta mercadería y traigamos cosas de mejor calidad, ya tendríamos puntos de ventas en todo el país. —José Pablo analizaba el potencial de la idea.

—¡Elemental, mi querido Watson! Imagínate, no tendrían que venir a Santiago a comprar. Se ahorrarían mucho tiempo y dinero. Nuestra empresa pondría los productos directo en sus locales, a lo largo de todo el país.

—¡A recorrer Chile entonces! —exclamó el socio quien ya anticipaba un gran viaje de negocios junto a su amigo.

—JP, creo que debería ir solo —interrumpió Maximiliano—. Alguien tiene que preparar y despachar los pedidos que vayan haciendo los clientes.

—Ya estaba preparando mis maletas —respondió José Pablo—. Hubiese sido muy entretenido salir los dos como vendedores viajeros. Pero tienes razón, el objetivo de este plan es lograr vender ese contenedor para sacar adelante la empresa. Ya habrá tiempo para viajes de placer. ¿Cuándo piensas partir?

—Mañana mismo. Armemos la mejor ruta y dejemos el auto cargado con un buen stock de mercadería. Antes de que amanezca, estaré en la autopista. —Maximiliano se levantó de la silla con la energía de quien proyecta un gran negocio.

Inició su recorrido por la zona sur. Era verano y prefirió el paisaje frondoso de la carretera austral a enfrentar los áridos desiertos norteños. Considerando, además, que en su Peugeot 404 de 1968, vehículo heredado de su familia, la única opción de aire acondicionado que tenía era bajar la manivela de la ventanilla. El plan era llegar hasta Punta Arenas y desde ahí, empezar el itinerario comercial por cada localidad importante. La ambiciosa misión implicaba recorrer las siete regiones que separaban la ciudad de los pingüinos de Santiago.

Maximiliano iba directo a los emporios o tiendas que tenían un mayor surtido de productos. Bastaba preguntar en la plaza cuál era el mejor local para comprar hilos y cordones del pueblo para obtener de inmediato la referencia. Se dirigía entonces a hablar con el dueño del negocio, fácil de identificar, pues con frecuencia era quien estaba a cargo de la caja.

En los encuentros con sus futuros clientes, sacaba su muestrario de productos. Un archivador con fundas de nylon, que con José Pablo habían armado pegando los distintos tipos de hilos, cordones, botones y accesorios en hojas blancas. Pronto se dio cuenta que sus posibles compradores, además de ver, querían tocar el material. Armó un set de hilos y cordones de todos los colores que Importext tenía disponible para la venta, el que llevaba en su maletín para cuando los clientes solicitaban probar la calidad.

Para las primeras ventas, no hubo problemas. Maximiliano sacaba de su auto el pedido y lo despachaba de inmediato al comprador. En la medida que fue avanzando en su ruta el stock, comenzó a mermar. Esto le permitió probar la cadena logística que habían planificado. Solicitaba los productos que requerían los clientes a su socio, quien los despachaba por una agencia de buses a la localidad indicada.

Los jóvenes proyectaron dos semanas para hacer el recorrido, pero los tiempos en el sur no eran los mismos que en Santiago, y la forma de hacer negocios tampoco. «Hay que conocerse y conversar», le decían los empresarios. Cada visita de presentación duraba mínimo una mañana. El locatario le contaba su historia y le enseñaba cómo funcionaba el negocio.

Luego había que respetar las horas de siesta, sagradas en el sur. A Maximiliano no le quedó más remedio que acostumbrarse a dormir su media hora después de almuerzo reclinando el asiento del auto, aparcado bajo la sombra de algún árbol frondoso. ¿Qué más iba a hacer?, de dos a cuatro de la tarde aquellos lugares parecían pueblos fantasmas. Ya en la tarde o, a veces, al día siguiente, lograba sacar el pedido que necesitaba su nuevo comprador, en el mejor de los casos.

La desconfianza ante este foráneo vendedor, que venía a ofrecer unos productos con la promesa que llegarían una semana después de haber pagado, era una propuesta que no gustaba nada a los sureños que veían con recelo a los santiaguinos. El joven empresario no se dejaba abatir y asumía el costo de hacerles llegar a todos una pequeña caja con muestras de la mercadería. Así podían confiar que si compraban a Importext tendrían sus productos sin necesidad de ir hasta la capital.

No había dinero para alojamiento o lujos, por lo que pasó esos veintitrés días durmiendo en el auto. Seguía a los camioneros para comer en los mismos lugares que ellos, confirmando el dicho de «donde hay camiones detenidos es porque la comida es buena y barata». Se duchaba en las estaciones de servicio de la carretera, lugar donde procuraba estacionar para dormir con más tranquilidad, sin el temor de ser asaltado en las noches.

Cuando volvió a Santiago su aspecto era el de un veterano de guerra. Disfrutó de la ducha caliente de su hogar como si fuera uno de los famosos baños de leche que se daba Cleopatra, y durmió hasta que le dolieron los huesos de estar acostado.

Al día siguiente, lo esperaba José Pablo para comentarle, con números en mano, cómo había resultado la estrategia del viaje al sur. Maximiliano conocía lo suficiente a su amigo para anticipar unas estadísticas poco auspiciosas.

—Las ventas realizadas no superaron el cinco por ciento —comenzó a explicar sus gráficos—, llegando a siete con los despachos de las muestras que se hicieron. Considerando los costos del viaje, más el envío de muestras gratis para ganar la confianza de los potenciales clientes, lo que ganamos solo alcanza para pagar una cuota del crédito del banco.

—Tanto esfuerzo y no valió la pena. —Maximiliano se hundió en la silla y en la desesperación.

—Hicimos todo lo que pudimos —fueron las palabras de resignación de José Pablo.

Tardaron varios días en decidir qué hacer con aquella mercadería, quizás por ver en cada caja la imagen de la derrota o porque mantenían la recóndita esperanza de que podrían vender los productos.

Dos semanas después de su regreso a Santiago, Maximiliano recibió un llamado a su teléfono. Era un número desconocido y pensó que se trataba del área de cobranzas del banco. Ya estaba cansado de esas llamadas amenazantes, pero algo le hizo contestar.

—Aló —respondió el celular.

—Aló. —Maximiliano escuchó una voz masculina.

—¿Sí?

—Oiga, joven, le habla Genaro, de acá de Chillán.

—Hola, don Genaro —contestó Maximiliano, recordando al señor de bigotes blancos detrás de la caja registradora que le hizo una degustación de longanizas en su emporio.

—Me llegó la mercadería que usted me mandó y la vendí toda, quería encargarle más —pidió el señor con acento sureño.

—¡Por supuesto!, dígame qué productos necesita y los despachamos igual que la vez anterior. —El joven empresario comenzó a tomar nota del pedido con un entusiasmo que hacía bailar el lápiz que tenía entre sus manos.

Aquella llamada era todo lo que Maximiliano necesitaba para comenzar a preparar su viaje al norte del país.

PARTE II
CRECIMIENTO

EMPRENDER ES CREAR

La sala de clases estaba transformada, ordenada de tal forma que se distinguían seis mesones de trabajo grandes con sillas alrededor. Al centro de cada mesón, una gran caja llena de legos.

—¿Qué es esto? —preguntó Carolina.

—¿Acaso vamos a hacer figuras de *Star Wars*? —cuestionó Sofía.

—Siéntense donde gusten —comentó el profesor con un entusiasmo que no lograba disimular—, solo les pido que haya la misma cantidad de personas en cada grupo, por favor.

Los alumnos siguieron la instrucción y, como niños en tienda de juguetes, se apropiaron de inmediato de las figuras para comenzar a hacer sus propias creaciones.

—Listo, Maximiliano, ve a comprarte un pastel, a nosotros déjanos jugar un rato —comentó Facundo armando una rústica torre con los plásticos.

—Nada de eso, que aquí no se viene a jugar —replicó el profesor—, aunque debo reconocer que es un gusto que dejen salir a ese niño que llevan dentro. Unos minutos más y comenzamos —agregó mirando el reloj.

En ese momento se vio en la puerta de la sala de clases un hombre solicitando permiso para entrar. Maximiliano fue a al encuentro de su invitado. Un delgado joven con aires afrancesados, quien comenzó a doblar su bicicleta y en menos de tres minutos, ya la había reducido a la mitad de su tamaño. Luego se sacó la mochila, guardó en ella los lentes de sol y el sombrero y se arregló el corbatín de puntos rojos.

—Les presento a Phillip, un emprendedor que se aburrió de trabajar en una oficina por los sueños de otro y decidió hacer lo que más le gusta —lo introdujo Maximiliano.

—¿Jugar con legos? —preguntó Raimundo.

—¡Acertaste! —contestó, y con energía comenzó su relato—. Todos pensaban que era una locura, dejar una carrera como ingeniero en telecomunicaciones a cargo del área de innovación en una prestigiosa empresa. Pero me animé a decir «chao, jefe» y adivinen qué: hoy le vendo mis talleres a esa misma empresa y cobro varios ceros más de lo que ganaba cuando era empleado y, lo mejor, trabajo menos tiempo —agregó el invitado.

—¿Talleres de Lego? —Sergio buscaba en las piezas de colores el secreto de aquel emprendedor.

—Conocí la metodología Lego Serius Play por una capacitación a la que me mandaron y me fascinó —comentó Phillip—. Imagínense lo que significó ver que alguien ganaba dinero con mis juguetes favoritos. Esa idea me voló la cabeza.

Los jóvenes, que escuchaban el apasionante relato del invitado, imaginaron su historia desde niño armando naves espaciales que atesoraría en su dormitorio como figuras de colección. Hasta podrían apostar que aún tendría varias en vitrina.

—Después de ese taller, ¿pusiste tu empresa? —preguntó Mateo.

—No, pasaron tres años hasta que me decidí. El miedo y las trampas mentales —agregó arreglándose el corbatín como quien busca más espacio para respirar—. Algunas veces nos boicoteamos a nosotros mismos.

—¿Qué hiciste entonces? —preguntó Sofía.

—Empecé a estudiar, tomé todos los cursos que había en Chile sobre el tema, pero en ese tiempo la metodología no era muy conocida, así que junté mis días de vacaciones, y me fui a capacitar con los mejores del mundo. Pero no podía dejar de sentirme un impostor.

—¿Un impostor? ¿Por qué? —reiteró Sofía.

—¿Cómo le iba a vender a esas grandes empresas, súper conservadoras, la idea que podían mejorar el desempeño de sus equipos, solucionar conflictos, gestionar cambios, generar incluso nuevos productos jugando con legos? No me atrevía. Seguí con mi karma trabajando para otros y esperando a que "el mercado estuviera listo para poder venderle mis servicios"

—enfatizó haciendo un gesto con sus dedos como si remarcara con unas comillas sus palabras.

Los alumnos estaban cada vez más motivados con la historia de Phillip. Sentían una cercanía indescriptible con el joven emprendedor. Parecía que fuese un compañero de curso con el que compartieran los mismos intereses, temores y preocupaciones, pero a la vez les generaba una profunda admiración por las experiencias que les compartía.

—¿Y qué te llevó a dar el salto? —preguntó Sergio.

—Mi colon —respondió tocándose el estómago—. Un día, camino a la clínica, con un ataque que me hacía retorcer del dolor, escuché clarito cómo me decía: «A ver, compadre, ¿por qué no se deja de tanta lesera y se dedica de una buena vez a hacer lo que le gusta?, así me da un poco de descanso, que ya estoy cansado de patalear para que me haga caso» —comentó agradeciendo con aquel discurso a su metro y medio de intestino grueso que le había convertido en empresario.

—Como dicen los actores cuando van a salir al escenario: ¡Mierda, mierda! Así partió tu negocio —dijo Facundo despertando la risa de la clase.

—Literalmente —añadió Phillip—. Negocié mi salida de la empresa explicando que por problemas de salud debía encontrar un trabajo menos demandante. Les comenté que me dedicaría a ser consultor para dejar una ventana abierta —dijo acercando su ojo al círculo que formaba con sus dedos como quien mira por una rendija.

—¡Genial! —La cara de Raimundo demostraba el interés que despertaba en él la experiencia del invitado.

—Phillip nos acompaña hoy para enseñarnos una premisa básica del emprendimiento —interrumpió Maximiliano—: para salir al mercado con un producto no necesitamos millones de pesos.

—La clave está en equivocarse rápido y barato —agregó el emprendedor.

Aquella frase generó el desconcierto de los estudiantes. ¿Habían escuchado bien? ¿Acaso los estaban impulsando a equivocarse? Sin duda, Maximiliano y sus amigos estaban cortados por la misma tijera.

—PMV —continúo el profesor escribiendo esas letras en la pizarra.

Mostró una sonrisa victoriosa por el impacto que sus palabras generaron en los alumnos y le cedió la palabra al invitado.

—¿Qué es PMV? —preguntó uno de los alumnos.

—Producto Mínimo Viable —dijo y, a continuación, lo escribió—. Como su nombre indica, es un producto que cuenta con las características mínimas suficientes que lo hacen viable para poder sacarlo al mercado.

—¿Y para qué se usa? —agregó Cristóbal quien no veía la relación entre aquellos juguetes y la venta de productos.

—La idea es generar un prototipo de muy bajo costo que funcione para poder testearlo, así se sabe de inmediato qué es lo que piensan los consumidores. Porque si hay alguna funcionalidad que falla o que no le gusta a los clientes se puede pivotar.

Al escuchar aquella palabra, Sergio se puso de pie y comenzó a moverse imitando a los jugadores de baloncesto. La demostración deportiva fue aplaudida por sus compañeros.

—¿Pivotar? —preguntó Sofía, quien todavía trataba de memorizar lo que significa PMV.

—Como anticipo, les comento que significa realizar cambios en el modelo de negocios, en la estrategia o en el mismo producto si no estamos obteniendo los resultados esperados. En la próxima clase aprenderán a pivotar en terreno —comentó el profesor dejando a todos intrigados con la futura experiencia.

—Otro beneficio de desarrollar un PMV es que, si el producto no tiene aceptación en el mercado, se desecha —agregó el experto en Lego—. Así es mucho más fácil comenzar a trabajar en otro proyecto. La pérdida no será tan grande como si se hubiera construido un tremendo elefante blanco.

—Esto es diferente a lo que imaginaba —comentó Mateo rascándose la cabeza, como siempre hacía cuando se enfrentaba a una idea que no lograba asimilar.

—Diferente, pero muy útil —respondió Phillip—. Imagínense que quieren hacer una App de alimentación vegana. Contratan un equipo de diez personas, trabajan en esa idea por meses, invierten en ella todos los ahorros, los préstamos que le hacen las familias y amigos y hasta piden un crédito. Después salen a vender la aplicación y no tiene suficientes compras. En ese momento, todo el equipo se vuelve loco tratando de descubrir qué pasó, pues deben recuperar todo el dinero y tiempo perdido. Al final descubren que era porque los colores usados no generaban identificación con una alimentación vegetal.

—¿En serio? —preguntó con incredulidad Carolina.

La estudiante tomó nota de aquel ejemplo con todos sus detalles. Aquella información valía oro para su proyecto. No quería cometer ese tipo de errores cuando fuese a lanzar su plataforma.

—En la mayoría de los casos, el fracaso de los productos nuevos se debe a la poca orientación al mercado y a las necesidades de los clientes —señaló mientras escribía esta frase en la pizarra—. Antes de lanzarse, ¡prueben, prueben, prueben! —enfatizó—. Hagan su producto mínimo viable, que puede ser una maqueta, una *landing page*, una encuesta que lancen en las redes sociales. Lo importante es saber si su producto o servicio tendrá mercado y si hay personas dispuestas a pagar por él.

—¡Súper interesante! —dijo agradecida Carolina.

—Bueno, dinos qué hacer con estos cubos, mi torre se parece a la de Pisa —señaló Facundo sosteniendo los legos con las dos manos.

—Partamos entonces con el taller para prototipar esa idea que tienen dando vuelta en sus cabezas —comentó con entusiasmo el experto.

—Pero ¿qué hago con esto? —preguntó Sofía tomando un puñado de las figuras plásticas en su mano.

—Tienen frente a ustedes muchas figuras y una plancha que sirve como base—comentó el instructor—. Para comenzar este desafío, van a construir un primer prototipo que represente la idea de negocio que quieren sacar al mercado, les pido que lo construyan tal como lo imaginan con las piezas que tienen. Tiempo para la creación dos canciones —indicó Phillip mientras colocaba *Don't stop me now* como música de fondo.

Los alumnos comenzaron a interactuar con los legos ávidos de transformar en algo concreto las ideas que rondaban en sus cabezas. El facilitador de la actividad se paseaba por los grupos aclarando dudas y ayudando a quienes levantaban la mano en señal de auxilio.

—¿Con esto podremos crear cualquier cosa? —preguntó Carolina, quien no terminaba de convencerse.

—Los límites los pones tú —respondió el moderador.

Las veintiocho futuras empresas comenzaban a sentar sus cimientos en las placas plásticas que crecían en creatividad y cantidad de legos. *Wake Me Up* fue la canción que siguió inspirando a los jóvenes en el diseño de sus estructuras.

—Vayan terminando. ¿Alguien que haya acabado y quiera compartir su PMV con nosotros? —preguntó el invitado al grupo.

Raimundo se puso en pie de inmediato con su prototipo en mano.

—Aquí está mi invento —comentó orgulloso el alumno—. Es un sistema tridimensional integrado de gestión de proyectos que permite que las personas, no importa en qué lugar del mundo se encuentren, puedan ir insertando las piezas que creen a la maqueta como un holograma. —La idea de Raimundo sacó los aplausos de sus compañeros.

—Muy innovadora la propuesta, ¿quién más quiere compartir su prototipo? —intervino el facilitador dando la palabra al grupo.

—Yo no sé si entendí bien la instrucción, porque no hice un producto —comentó Carolina—. Quiero crear un canal online de yoga, donde las personas conozcan los beneficios de esta disciplina. Desarrollé las etapas que debo seguir para lanzar mi canal.

—Perfecto —señaló con entusiasmo—. Ya ven que esta metodología es aplicable a servicios, procesos, sistemas; a todo.

—Esto que ven aquí es un abre fácil de verdad —dijo Cristóbal caminando al centro de la sala—. ¿Cuántos de ustedes han intentado abrir los sobres de jamón, los yogures o cualquier empaque donde dice: «abre fácil», y terminan buscando una tijera para cortar el empaque? Aquí tienen la solución para esos malos ratos —agregó mostrando las cualidades de su prototipo.

—Esta es la mejor venta de un producto mínimo viable que he visto —comentó el experto en Lego.

—Cuántas ideas han comenzado a tomar forma el día de hoy —irrumpió Maximiliano—. ¿O no, Phillip?

—De aquí saldrán grandes negocios —respondió agradecido por la experiencia.

—Parece que hay una última sorpresa para estos jóvenes —comentó Maximiliano.

El profesor se levantó de su asiento y con complicidad, se acercó al invitado. Intercambiaron unas palabras en tono bajo para que los alumnos no pudieran escuchar, a pesar de los esfuerzos que hicieron. Luego, demostrando estar de acuerdo, Phillip tomó la palabra.

—Como son un gran equipo, voy a regalarles un cupo para mi próximo taller. Así uno de ustedes conoce bien la metodología y comparte con sus compañeros lo aprendido.

No alcanzó a terminar de hablar cuando la avalancha de interesados se hizo notar.

—¡Yo!

—¡Yo quiero!

—¡Elígeme a mí, por favor!

—Tranquilos, tranquilos —intervino Maximiliano—. Ya les vamos a decir cuáles son las condiciones para participar.

—¡No lo puedo creer! —refutó Facundo.

—Tarea Reto —dijo el profesor—. Van a sacar una foto de su PMV. Suban esa foto en las redes sociales y quien consiga más comentarios sobre su prototipo será el ganador. ¡Ojo!, valen solo los comentarios; los «me gustan» no cuentan, que apretar un botón no les entrega la información que están buscando.

—¿Valen los comentarios negativos? —preguntó Mateo.

—Todas las opiniones sirven —acotó Phillip—. Recuerden, aunque al principio esos comentarios sean como dagas para el ego, porque a nadie le gusta que le destrocen su creación, créanme que les estarán ayudando a ahorrarse millones de pesos.

—Adelante, jóvenes, vayan a testear sus productos mínimos viables al mercado. Pero no olvidemos agradecer a nuestro gran invitado el día de hoy con un fuerte aplauso —dijo haciendo los honores al experto en Lego.

Ruborizado por la expresión de cariño, el invitado se despidió del grupo de estudiantes. Con la misma rapidez que a la llegada, armó su bicicleta y se colocó los lentes y el sombrero esperando recibir pronto al representante del curso en su taller.

- Para salir al mercado con un producto no necesitamos VMP (Varios Millones de Pesos) sino un PMV (Producto Mínimo Viable).
- Hay que equivocarse rápido y barato para crecer con velocidad y ganar mucho.
- Al emprender y crear, los límites los pones tú.

PREJUICIOS Y ORGULLO

José Pablo llevaba varios minutos esperando a Maximiliano. Habían quedado para cenar en aquel restaurante por ser uno de los más lujosos de la ciudad. Era el premio que se habían prometido si lograban vender todos los productos de su primera importación, y lo habían cumplido.

A sus veinticuatro años, querían reproducir esas cenas que veían en las películas cuando los empresarios exitosos pedían el mejor vino y langosta, sin fijarse en los precios. José Pablo ya había recorrido la carta con sus valores y no dejaba de repetirse: «Lo merecemos por todo el esfuerzo que hemos realizado», para justificar el gasto que iban a hacer. Levantó la cabeza y vio acercarse a Maximiliano, quien refunfuñaba como si estuviera peleando a solas.

—Empresario —dijo mientras se sacaba la chaqueta y se sentaba junto a su amigo.

—Hola, Maximiliano —respondió el socio tratando de sacarlo de su embrollo mental, aunque sabía que no pararía hasta contarle todo.

—Pero no fue un empresario con respeto, ¡no! Me trató como si yo fuese una lacra, lo peor que hubiera visto. —Su cara se enrojecía al recordar lo vivido.

—¿Qué te tiene de tan mal humor? —preguntó José Pablo.

—La vieja del local de la calle Meiggs —dijo despectivo—. Si hubieras escuchado la cantidad de cosas que me dijo porque no accedí a darle más descuento. Me llamó usurero, que solo quería enriquecerme a costa de los pobres comerciantes que se ganaban la vida dignamente, como si yo estuviera robando.

—Tranquilo, a lo mejor la señora había tenido un mal día. —José Pablo procuraba calmarlo para pedir algo de aquella suculenta carta.

—Siguió lanzándome palabras como oportunista, mala persona, ladrón, y cuando ya no se le ocurrió nada más, terminó diciendo: «¡Empresarios, son todos iguales!», como si ser empresario englobara todas esas cosas negativas que ella había dicho. Me dieron unas ganas de… —Apretó los puños y levantó su brazo derecho, gesto que frenó en seco cuando se sintió observado.

Un mozo de impecable frac y servilleta blanca colgada en el antebrazo izquierdo, con la gentileza de quien saca a una dama a bailar un vals, esperaba paciente para tomar la orden. El protocolo del lugar no les permitía interrumpir a los comensales en sus conversaciones, por lo que presenció gran parte del desahogo iracundo del joven, sin que ello afectara su imperturbable sonrisa.

—¿Les ofrezco algo de beber? —Se limitó a preguntar aprovechando la pausa en el acalorado discurso.

—Tráiganos el mejor vino que tenga —respondió Maximiliano disimulando su molestia ante la presencia del garzón, para luego mirar con complicidad a su socio tras decir aquella frase que tanto habían practicado.

—Tenemos una amplia carta de vinos, todos muy buenos. Puedo solicitar al *sommelier* que venga a recomendarles alguno acorde a su presupuesto. —El mozo dudaba de que los jóvenes tuvieran el poder adquisitivo para pagar una botella del Viñedo Chadwick, que costaba trescientos ochenta mil pesos.

—Por favor, llame al *sommelier* para que nos asesore y dígale que por el precio no se preocupe —solicitó José Pablo, sacando a relucir otra de las líneas de películas que soñaban decir desde sus inicios como empresarios.

El mozo terminó de llenar las copas de agua. Con la silente sutileza con la cual llegó, así se retiró. Su presencia había sido sólo una coma que Maximiliano hizo en su desahogo.

—Empresarios —continuó rumiante y su rostro se volvió a contraer por la ira.

—¿Por qué te afectó tanto lo que dijo esa señora? —preguntó José Pablo.

—Porque me insultó; nos insultó a ti, a mí y a todos los que nos matamos día a día trabajando para sacar adelante nuestros negocios.

—No le hagas caso, es su forma de regatear. La próxima vez dile que no tenemos mercadería y verás cómo te suplicará que le vendas algo para su boliche. —Intentó bajarle el perfil a la situación.

—Es que me da mucha rabia —agregó Maximiliano—. No dudo que haya empresarios deshonestos, pero ¿por qué meternos a todos en el mismo saco? Si un juez acepta una coima, uno no anda diciendo por ahí que todos los jueces son corruptos; o cuando un profesor trata mal a un alumno, los padres no van en horda a sacar a sus hijos de los colegios pensando que todos son iguales.

José Pablo untó un poco de la mantequilla con forma de pequeñas flores en su pan humeante. Salivaba sólo de imaginar el crujir del mini baguette en su boca.

—En eso tienes razón —respondió luego de saborear el primer bocado—, es injusto que por los errores de algunos nos arrojen al paredón al resto.

—Exacto —confirmó sintiéndose comprendido—. Con actitudes como esa no se valora lo que aportamos a las personas.

—Como este maravilloso pan —contestó llevándose otro pedazo a la boca—. Tienes que probarlo.

—El pan, los platos, la mesa, las luces. —Maximiliano detalló lo que estaba a su alrededor—. Todo lo que usamos en el cotidiano está a nuestro alcance gracias a que una persona visionaria puso en juego su capital para llevar ese producto a las casas de cada uno.

—Para eso estamos los emprendedores —respondió José Pablo—, para sacar al mercado productos que ayuden a las personas a resolver sus problemas.

—Desde que despertamos hasta que nos vamos a dormir en una cama cómoda, con sábanas suaves; todo lo que nos facilita la vida ha sido comercializado por empresas —exponía su discurso con pasión.

—Que parten como nosotros, vendiendo un par de cordones, una docena de botones, y llega un día que vas caminando y te preguntas: ¿Cuántas de esas camisas tendrán los botones que yo traigo de China? ¿Cuántas niñas lucen felices sus vestidos cocidos con los hilos que mi empresa vende? —José Pablo tenía esa capacidad de llevar al plano concreto las reflexiones de su socio.

—Tienes toda la razón —se sintió representado en aquellas palabras.

—Al final, los empresarios somos grandes solucionadores de problemas. Que se ensucia la ropa y cuesta lavarla a mano, vendemos lavadoras; no tengo dónde guardar la comida que me queda para el día siguiente, aquí tienes potes plásticos con tapa, y así con todo —comentó sin dejar de comer pan.

—Ayudamos a las personas a mejorar su vida —afirmó orgulloso Maximiliano.

Una mano con guantes blancos les extendió una botella. La etiqueta de barrocos detalles dorados anticipaba la tradición cautiva en aquel vino. Los socios no controlaban la ansiedad por probarlo. El primer ejemplar chileno en obtener cien puntos, el máximo reconocimiento mundial.

—Me indicaron que los jóvenes querían deleitar sus paladares con la mejor cepa de nuestra cava —intervino el *sommelier*.

—Así es —respondió, ya calmado y salivando al anticipar cómo aquel vino se deslizaría cual seda por su boca.

—¿Celebran alguna ocasión especial? —preguntó el experto mientras vertía un poco en la copa de José Pablo, que se había ofrecido para catarlo.

—Por supuesto, celebramos que hemos ayudado a solucionar los problemas de miles de personas. —Maximiliano brindó junto a su socio.

El orgullo de ser empresario se reflejaba en su rostro con la misma intensidad del color que dejaba marcado en el cristal de la copa aquel, el mejor vino que había tomado en su vida.

EMPRENDER ES PIVOTAR

Los alumnos, un tanto desorientados, ingresaban en el gimnasio. Hacer la clase en aquel lugar parecía extraño, pero con su profesor se podían esperar cualquier cosa.

—Ojalá todos hayan venido con ropa deportiva y zapatillas como les pedí, de lo contrario serán los repartidores oficiales de agua —vociferó el profesor mientras mostraba su atuendo de corredor de domingo.

En la cancha de baloncesto los esperaba Josefa, quien no dudó en hacer sonar su silbato para captar la atención del grupo y hacerles avanzar hacia ella. Josefa reunía todas las características del prototipo de persona que uno espera ver en los gimnasios: cuerpo atlético, tenida deportiva gastada por su uso; no como esas personas que sólo ocupan las sudaderas y zapatillas para ir cómodas a comprar el pan al negocio de la esquina. Al alcance de su mano tenía una botella de bebida energizante y una tablilla con una hoja llena de dibujos de pelotas y flechas que nadie, excepto ella, podía entender.

—¿Cómo estás, Maximiliano? —preguntó saludándole con un beso y un abrazo.

—¿Otro de tus contactos? —cuestionó Facundo con picardía.

—¡Más respeto, joven! —respondió en señal de reprimenda—. Josefa es una gran amiga y compañera de colegio, seleccionada como nacional de baloncesto y ahora entrenadora del equipo femenino de la universidad —agregó presentando a aquella deportista a los estudiantes.

—Así que vinimos a ver un partido, ¡qué bien! —dijo Mateo mientras buscaba la mejor ubicación.

—¿Escuchaste eso, José? —preguntó Maximiliano a la entrenadora.

—Hoy les enseñaré algunas estrategias de este deporte que les van a ser muy útiles en los negocios y en la vida.

—¿Y cuándo llegan las chicas de la selección? —preguntó Facundo, esperando poner en marcha los tres pasos de su «manual del conquistador».

—Antes de pensar en las grandes ligas, vamos a darle movimiento a esos cuerpos, que parece que ustedes hacen mucha gimnasia mental con sus emprendimientos, pero nada de actividad física. Cinco vueltas alrededor de la cancha, y sin chistar —se adelantó a decir cuando ya se avecinaban las primeras quejas.

Como maquinarias a las que le falta aceite, comenzaron a trotar los estudiantes, activando con lentitud sus engranajes musculares.

—Tú también —le dijo a su colega, al ver la intención del profesor de acercarse a conversar con ella—. En esta clase se trabaja en equipo.

—Aquí no te salvas, Maximiliano. —Mateo se ajustó los cordones de sus zapatillas.

—Dejaste de ser el jefe —se burló Cristóbal.

—¡Vamos, vamos, más movimiento de piernas y menos de la lengua! —agregó vociferando con una capacidad torácica que resonaba en todo el gimnasio.

La cantidad de sudor y tono rojizo que iba tomando el rostro de los practicantes delataba el esfuerzo al que estaban llevando sus cuerpos.

—A esos que se están poniendo morados, ¡no se olviden de que hay que seguir respirando! —gritaba la entrenadora.

—¿Cuánto falta? —preguntó Mateo.

—¡Última vuelta, último esfuerzo! —respondió Josefa.

—Ya no doy más —comentó Sofía con el hilo de voz que la respiración entrecortada le permitía.

—Vayan tomando registro de esa sensación. Cuando piensen que ya no dan más, exíjanse un último esfuerzo. ¡Vamos, a por esos cien metros finales! —instó con fuerza ganadora la coach.

Sergio fue el primero en completar las cinco vueltas a la cancha. Poco a poco, comenzaron a llegar sus compañeros.

Entre todos alentaron a Sofía para que diera los últimos pasos y cumpliera su meta.

—Muy bien, han hecho un gran trabajo —los reforzó la entrenadora—. Siéntense acá formando una media luna para que se hidraten y recuperen energías, mientras me cuentan qué saben del baloncesto.

—Que se necesitan pelotas para jugar —dijo Facundo.

Josefa asintió, obviando el doble sentido, y mostró la pelota naranja que tenía en su mano.

—Hay que anotar canastas —agregó desfalleciendo Mateo.

—Es un deporte de equipo, son cinco jugadores —comentó Raimundo dando sorbos de agua.

—La mayoría de los jugadores son morenos y guapos —comentó coqueta Carolina.

—Todo eso es correcto. Déjenme agregar un par de cosas. En este deporte el contacto con la pelota se realiza con las manos, pero los jugadores, llamados baloncestistas, no pueden trasladarse sujetando la pelota, sino botándola contra el suelo. —La entrenadora explicaba a la par que sus movimientos ilustraban todo lo que decía—. El equipo que tiene el balón intenta anotar puntos mientras que el equipo defensor busca impedirlo robando la pelota o tapando los tiros a la canasta. Cuando un tiro hacia la canasta falla, los jugadores de ambos equipos intentan atrapar la pelota o, como se dice, el rebote, pero si el tiro entra el punto es para el equipo. ¿Me siguen? —preguntó encestando desde fuera de la copa marcada en el tablero.

—Sí —contestaron los alumnos que ya iban recuperando los colores naturales de su rostro.

—Eres la versión femenina de Michael Jordan —reconoció Sergio en mérito a la presentación que acababa de hacer.

—Agradezco los cumplidos, pero recuerden que este es un deporte de equipo, no hay estrellas brillando solas en la cancha —enfatizó la entrenadora—. Es la colaboración y coordinación entre los jugadores lo que permite al equipo avanzar para alcanzar el objetivo común que es…

—¡Ganar el partido! — respondió con rapidez Mateo.

—Encestar la pelota, un punto a la vez. No cometan el error de partir pensando en el final del partido o, peor aún, imaginando en qué gastarán el dinero que van a ganar.

Josefa no quiso frenar la motivación de los alumnos, pero sabía lo importante que era concentrarse en el proceso más que en el resultado. Durante sus años de deportista había visto el ascenso de varios de colegas que, atraídos por las cámaras de los programas de entrevistas, se preocupaban más de cultivar su ego que de encestar el balón.

—Cada punto es una estrategia en sí mismo —dijo mientras levantaba su mano empuñada enfatizando así la fuerza de sus palabras—. Todos deben colaborar para hacer frente al equipo contrario, tienen que analizar la situación del oponente, decidir con rapidez y ejecutar la acción colectiva más conveniente para conseguir su objetivo, que es…

—¡Encestar el balón! —respondieron a coro los aprendices.

—Ahora sí que están listos para comenzar a entrenar. Formen parejas y tomen una pelota. Quiero que partan desde un extremo de la cancha al otro dándose pases. El balón deberá salir a la altura del pecho, se lanza y se recibe con las yemas de los dedos, así —mostró—. Dedos abiertos, señoritas, para que no se partan las uñas. Comenzamos. —Y tocó su silbato.

Los estudiantes iniciaron la actividad intentando ser lo más precisos que podían para asegurarse de que la pelota llegara a las manos de su compañero. Luego de varios intentos, el pito agudo fue la señal que detuvo todos los balones.

—Muy bien, jóvenes, se nota que hay conexión en esas duplas —señaló rescatando la coordinación demostrada—. Ahora, haremos lo siguiente: tomen una pelota cada uno y comiencen a dar botes. No queremos ver sus habilidades de malabaristas, la idea es que vayan de un lado a otro de la cancha driblando el balón. Mano abierta como si estuvieran empujándolo al piso.

Josefa hizo bailar la pelota entre sus piernas, un bote adelante, tres detrás, a su antojo. La señal del silbato dio inicio a un estallido de balones en el gimnasio. Los estudiantes intentaron imitarla sin el mismo resultado.

—¡Si se les escapa la pelota, deberán partir desde el comienzo! —gritaba—. Dominen el balón, que el balón no los domine a ustedes.

—Parece que esta pelota tiene vida propia —comentó Raimundo quien no lograba controlar con su muñeca la esfera naranja.

—Lo primero es definir el objetivo, dónde quieren que dé el bote la pelota. ¡Apunten a ese punto para conseguirlo, como un dardo que debe dar en el centro de la diana! —dijo colocando las manos alrededor de su boca para que le escucharan todos los estudiantes.

Un nuevo pitazo paró en seco la fiesta de los balones y regaló un espacio de silencio para que la entrenadora hablara.

—Quiero enseñarles una última técnica para que nos dé tiempo de hacer un partido. ¿Están de acuerdo? —les preguntó a los alumnos mirando el tiempo que quedaba.

—¡Eso! —respondió Sergio chocando su mano con la de Cristóbal, entusiasmado con la idea de competir.

—En el baloncesto, como en la vida y en los negocios, uno no va en línea recta. Aparecen obstáculos que deben esquivarse. Pueden abrirse mejores opciones que resulte conveniente tomar; en esos casos, no duden en pivotar —aconsejó la entrenadora haciendo unos movimientos que parecía como si bailara en el lugar.

—¡Pivotar! —Carolina recordó el concepto mencionado por el entrenador de Lego.

—Sí, esto es pivotar —continuó mostrando Josefa—, la posibilidad de moverme en cualquier dirección siempre y cuando mantenga mi pie de pivote sobre el suelo. Vean —dijo señalando su pierna derecha—, no se mueve, pero el resto de mi cuerpo sí. Puedo girar, agacharme, darme vueltas, incluso en trescientos sesenta grados, pero siempre con mi apoyo firme. Ahora, practiquen.

El silbato dio inicio a la danza del pivote. Los alumnos, con algo de vergüenza, lo intentaron.

—¡Que a nadie se le ocurra grabar, mis seguidores no pueden ver esto! —alertó Facundo.

—Buena idea, dejemos en vergüenza al *influencer* —se burló Raimundo. Facundo levantó el puño de su mano derecha en señal de amenaza.

—Continúen: subo, bajo y vuelta —motivaba la entrenadora—, todo el cuerpo flexible como un bambú, pero el pie de apoyo firme como roca, recordándonos cuál es nuestro cable a tierra.

El sonido del silbato detuvo los intentos de pivote que hacían los futuros emprendedores. Aprovecharon la pausa para refrescarse e ir a tomar agua.

—Buen trabajo, parece que están listos para empezar a jugar —dijo Josefa—, pero antes quiero que vean la estrategia ganadora que he diseñado para ustedes.

En una de las hojas blancas que sujetaba la tablilla de madera de la entrenadora estaba dibujada la cancha de baloncesto. Con la simbología de cruces y círculos representaba jugadores de dos equipos. Unas flechas indicaban las acciones a seguir. A los costados, tres anotaciones permitían entender la táctica deportiva.

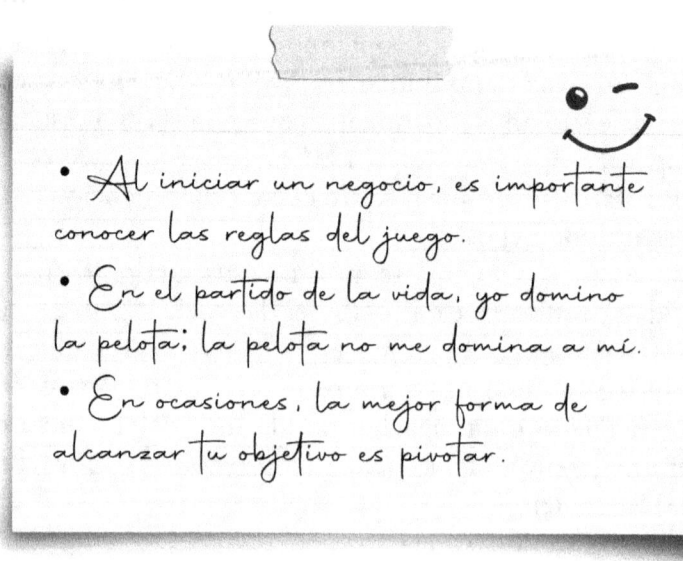

- Al iniciar un negocio, es importante conocer las reglas del juego.
- En el partido de la vida, yo domino la pelota; la pelota no me domina a mí.
- En ocasiones, la mejor forma de alcanzar tu objetivo es pivotar.

LOS SUEÑOS SE HACEN REALIDAD

Maximiliano caminaba por aquellas calles como si transitara en un parque de espejos. Veía su reflejo en los edificios de cristal que cobijaban a las principales multinacionales, esas que se preocupan por mostrar la transparencia de su gestión a través de paredes de vidrio y quieren proyectar un impacto de grandeza. Todas ubicadas en la mejor zona comercial de Santiago.

Cada vez que iba a visitar a un cliente, el joven empresario fantaseaba que era él el dueño de la oficina donde lo recibían. Se veía parado detrás del lujoso escritorio contemplando la vista panorámica de la ciudad, con ropas y accesorios que gritaban a los cuatro vientos el alto estatus y poder adquisitivo. Aquella imagen lo acompañaba desde sus años escolares, cuando la psicóloga del colegio había pedido a los alumnos del cuarto medio C que hicieran un ejercicio de visualización, como una estrategia para ayudarles a definir su futuro vocacional.

—Busquen recortes en diarios y revistas que representen esa meta que ustedes quieren alcanzar cuando sean profesionales —aconsejaba la orientadora—. Si su misión es ayudar y se ven inventando una vacuna que salva a millones de personas, peguen en su «Tablero de Visualización» fotos de personas sanas, felices, agradecidas porque ustedes le salvaron la vida.

Sus compañeros de clases se identificaban con médicos, profesores, arquitectos, profesionales ejerciendo su labor y ayudando a la comunidad. Maximiliano, en cambio, tenía un *collage* que reflejaba todo cuanto deseaba para tener el estilo de vida que soñaba, aun sin saber cómo lo lograría. En el centro de su tablero, colocó el recorte de un modelo vestido con traje elegante que exhibía un reloj suizo y unos gemelos en los puños de la camisa con incrustaciones de piedras preciosas. Pegó un fajo de billetes sobre la mano de aquel hombre que imaginó cómo al gerente de una empresa. Alrededor puso un Lamborgini rojo, un yate surcando unas cristalinas aguas del Caribe y una foto de la gran Muralla China. No sabía por qué, pero aquel país asiático siempre había despertado su curiosidad, así que estaba dentro de su lista de lugares a visitar.

—¡Qué ambicioso! —criticó uno de sus compañeros.

—Parece que no quieres nada —dijo con ironía otro estudiante al ver los lujos con los que Maximiliano soñaba.

—A lo mejor te gustaría considerar algunas metas que se ajustaran un poquito más a la realidad —intervino la psicóloga, juntando sus dedos índice y pulgar, y afinando la voz.

—Pero la idea era colocar cosas con las que soñamos —respondió el alumno desconcertado.

—¿Qué te parece si te tomas una semana de plazo para rediseñar tu Tablero de Visualización? —agregó la orientadora—. A lo mejor se te ocurren otras ideas que puedan enriquecer tu visón de futuro.

Una semana después, Maximiliano presentó su proyecto intentando cumplir con las expectativas que los otros tenían hacia sus metas. Colocó la foto de un hombre que simulaba ser un ingeniero que trabajaba en una corporación, quien recibía instrucciones de su jefe. Agregó la imagen de una casa donde se veía una familia sonriente a su entrada y un auto que denotaba algunos años de uso.

La orientadora vocacional lo felicitó por el trabajo que había hecho considerando unos objetivos más realistas. Parte de su labor era encauzar la motivación de los jóvenes hacia metas que pudieran alcanzar.

Maximiliano, tras haber cumplido con la tarea escolar, pegó el «Tablero de Visualización» en el espejo de su habitación y se propuso, imaginar aquel estilo de vida todos los días mientras se arreglaba en las mañanas.

Importext aún no estaba en la zona comercial más apetecida de Santiago. Durante el año y medio de su funcionamiento, el antiguo cuarto de música que Maximiliano tenía en la casa de sus padres era su centro de operaciones. Ahí funcionaba la oficina administrativa, guardaban la mercadería, realizaban las reuniones de equipo o, en su caso de dupla, todo.

El espacio era reducido y la decoración no permitía invitar a ningún cliente, por eso siempre se ofrecían a visitar directo a las empresas, más por vergüenza de mostrarles su lugar de trabajo que como muestra de amabilidad. Sin embargo, tener un local por el cual no pagaban arriendo, luz, agua o Internet significaba un ahorro importante y de gran ayuda en los inicios de un emprendimiento. Además, podían disfrutar de maravillosos almuerzos caseros, gentil auspicio de los padres de Maximiliano, cuando en otro contexto los sándwiches y las pizzas serían la opción infaltable.

«La guarida», como le llamaban, tenía otra ventaja adicional. Cuando las ideas no fluían o la situación se ponía muy tensa, Maximiliano agarraba sus baquetas y comenzaba a tocar la batería, esto a veces motivaba a José Pablo a seguirle el ritmo con el bajo, aunque en ocasiones, por el bien de aquella sociedad, el segundo a bordo optaba por salir a caminar un rato a solas.

Aquel galpón vio nacer y facturar los primeros millones de la empresa. Fue testigo de los lamentos por todos los pasos en falso y equivocaciones cometidas. Luego de haber aprendido de su primera experiencia importando de China, hicieron un segundo pedido. Generaron un catálogo lleno de productos de calidad, con tal variedad de diseños y colores, que los empresarios del rubro como niños en tienda de golosinas no dejaban de hacerles pedidos.

Pronto se convirtieron en los proveedores estrellas que poseían la mercadería que todos querían vender en sus comercios. Fue un período donde parecían «dueños de circo pobre». Recibían las solicitudes de los clientes, armaban las cajas, definían la ruta por todos los locales y realizaban los despachos, además de las infaltables tareas administrativas. Ese conteiner se vendió en menos de quince días. Prepararon un nuevo encargo con lista de espera de clientes que aguardarían meses a que llegara el nuevo stock de productos. Todo lo ganado lo reinvirtieron en el negocio, lo que les permitió importar mayor cantidad y a un mejor precio.

El crecimiento exponencial llevó a los empresarios a arrendar un terreno cerca de La Guarida, donde construyeron su bodega. Necesitaban un espacio mayor para almacenar las cajas que llegaban del país asiático. Contrataron a dos personas encargadas de generar los pedidos y realizar los despachos. Mientras, Maximiliano seguía en su rol de vendedor buscando negocios a mayor escala y José Pablo se encargaba de las operaciones, manteniendo el control del inventario, tarea crucial en la logística de la empresa.

Maximiliano salió de la reunión con la satisfacción de haber logrado un buen acuerdo. La estrecha relación que establecía con los clientes y proveedores le permitía hacer propuestas novedosas para ir un paso mas allá en las negociaciones y así obtener mejores márgenes de ganancias para todos.

Se acercó a la conserjería para despedirse de César, el mayordomo del edificio, quien se alegraba como si recibiera un regalo cada vez que el joven se detenía unos minutos para conversar con él. A Maximiliano le llamaba la atención cómo las personas que trabajaban en aquel lugar hacían sentir invisibles a quienes carecían de un título universitario, por eso se preocupaba de que su saludo, enmarcado con una sonrisa, llegara a todos por igual.

—Don Maxi, en un mes desocuparán la oficina que está en el piso trece —dijo César, dándole un papel con un número de teléfono anotado—. Todavía la corredora no la pone en arriendo. Si usted no es supersticioso, hable con ella para que se la reserve.

Aquel pedazo de hoja rasgado de un cuaderno era el mejor regalo que César podía darle. Importext había encontrado el lugar ideal para establecer su casa matriz.

EMPRENDER ES ARRIESGAR

Con música de concurso de televisión, el profesor recibió aquella mañana de martes otoñal a los estudiantes.

—¿Quién quiere hacer un trato? —preguntó Maximiliano como introducción a la clase.

—¿Un trato con el diablo? —cuestionó de inmediato Facundo, intentando descubrir qué tramaba esta vez.

—No creo que el señor de capa roja y cuernos dedique un minuto de su tiempo en hacer negocios con este simple mortal —respondió con ironía.

—¿Qué tipo de trato sería entonces? —preguntó Carolina.

—Aquí tengo tres cofres —explicó con voz radiofónica—, el cofre número uno, el número dos y el número tres.

El profesor fue mostrando unas cajas de cartón con un signo de interrogación pintado en plumón negro. Estaban en línea sobre una mesa que había dispuesto frente a los estudiantes, en el centro de la sala.

—¡Qué venga la modelo! —vociferó Facundo.

—¡Exacto! —comentó con entusiasmo Maximiliano—. En lugar de tres puertas, esta vez participarán por el contenido que hay dentro de estas cajas.

—¿Y qué podemos ganar? —preguntó Mateo.

—Algo que les va a interesar mucho —hizo una pausa para mirar a los alumnos.

—¿Qué cosa, Maximiliano? —la ansiedad delataba a Sofía.

—¡Sí, dinos de una vez! —replicó Cristóbal.

Maximiliano desvió la mirada hacia el resto de la clase y, sin que nadie la esperara, volvió a hacer sonar la fanfarria. Los alumnos se sobresaltaron con el estruendo.

—En una de estas cajas hay una nota siete, la nota máxima; la excelencia académica para todas sus evaluaciones de aquí hasta que termine el curso. —El profesor se deleitaba viendo las caras de asombro de los estudiantes.

—¿Estás hablando en serio? Muy bueno para ser cierto —expresó Raimundo con desconfianza.

—A ver, si entiendo bien, eso quiere decir que, aun cuando no estudiemos en todo lo que queda de año… ¿siempre tendríamos un siete? —preguntó incrédulo Facundo.

—Así es. Bastaría que vinieran a colocar su nombre al examen.

—¿Dónde firmo? —agregó el entusiasmado alumno quien amagó con levantarse para ir en dirección a la caja que señalaba el profesor.

—¿Qué hay en las otras dos cajas? —indagó con suspicacia Cristóbal.

—Ese olfato no te falla. —Maximiliano validó la buena intuición del alumno—. En el cofre número dos encontrarán una tarjeta que dice: «Siga participando».

—¿Y eso qué significa? —preguntó un alumno de la última fila.

—Pues significa eso, que no ganas ni pierdes nada, que tendrás que esperar una nueva oportunidad si quieres que la suerte te sonría.

—Aún falta una caja —insistió Cristóbal.

—Ya saben que en un cofre tienen el premio soñado: notas sobresalientes en todas sus evaluaciones desde el día de hoy hasta que termine el curso. La opción del segundo cofre es quedarse tal cual como están ahora, es decir, seguir estudiando para sus exámenes. Y la tercera alternativa…

Maximiliano hizo una pausa. Esperó unos segundos, que para los estudiantes se hicieron eternos, y volvió a hacer sonar la música de fanfarrea apretando *play* a la pista que tenía seleccionada desde su celular.

—¿Qué dice? —lo interrumpió Mateo molesto por la espera.

—El cofre número tres tiene una tarjeta con una nota. Calificación que van a recibir en todas las evaluaciones en lo que resta del año, menos en una.

—¿Y qué nota es? —preguntó Facundo en tono seco.

—Un tres con nueve —respondió el empresario, con la parsimonia de quien tira todas las cartas para negociar a la mesa.

—¡Pero eso es un rojo! —alegó de inmediato Carolina.

—¿Repetiríamos el año? —inquirió confuso Mateo para quien reprobar la asignatura era algo que ni en sus peores pesadillas se podía permitir.

Maximiliano se sentó en el borde de la mesa mientras escuchaba el ensordecedor alegato de los estudiantes. Todos hablaron a la vez tratando de mostrar las injusticias de las opciones presentadas.

—¡Silencio, silencio! —dijo Sergio calmando la algarabía, y se dirigió al profesor —: Al sacar la tercera opción tendríamos un tres con nueve en todas las evaluaciones excepto en una, ¿qué pasa con esa nota?

—Ahí se coloca la nota que ustedes obtengan en base a su esfuerzo. De ahora en adelante recibirían su casi cuatro —dijo riendo—, en el examen final, la nota que saquen se promediará con el resto de sus evaluaciones. Así de simple.

—Ya sabía yo que no podía ser tan fácil —susurró Raimundo arqueando las cejas.

—Tranquilos, tranquilos —intervino Maximiliano tratando de calmar los ánimos —. Nadie está obligado a participar, yo solo ofrezco unas alternativas, ustedes deciden si las toman o no.

—Pero el riesgo es mucho —lo interrumpió molesta Sofía.

—Así es, habría que estar locos. —La respaldaron los compañeros.

—¿Ustedes creen? —el profesor lanzó aquella pregunta, al estilo de los abogados en la corte frente al jurado, que daba la pauta para hacer el alegato final.

—¿Te parece poco reprobar un ramo? —lo increpó Mateo con indignación.

Los jóvenes se sentían intimidados ante aquellas opciones tan extremas. Maximiliano entendía la confusión, pero sabía que aquel tipo de actividad serviría para darles alas y permitirles descubrir qué clase de emprendedores eran.

—Creo que no han hecho un buen análisis de las alternativas —continuó—. Si bien una de las cajas les hace obtener tres con nueve en todas las evaluaciones, tienen la opción de superar esa nota esforzándose y estudiando para el examen final. Por otro lado, pueden asegurar el siete por lo que resta del año, solo señalando uno de los cofres. ¿Qué pueden perder? Nada, porque lo peor es quedarse tal como ahora y tener que seguir estudiando.

—Bueno, mirándolo de esa manera, no parece tan descabellado. —Mateo respiró algo más aliviado y comenzó a calcular el promedio de sus notas en el cuaderno.

—Sin olvidar que existe una cuarta elección, que es la de no participar y quedarse como espectadores. —Maximiliano se apoyó en su escritorio y cruzó los brazos.

Los estudiantes comenzaron a evaluar las opciones presentadas. Algunos conversaban con sus pares la alternativa que pensaban tomar, mientras otros buscaban las notas que tenían para saber cuán alto sería el riesgo por asumir. La idea de tener un siete para siempre era muy tentadora, pero el tres con nueve aparecía como un freno de mano que los hacía dudar.

—Entonces ¿quién quiere hacer un trato? —volvió a preguntar Maximiliano sacando a los estudiantes de su debate en virtud del tiempo que habían tardado en decidir.

Esta vez, todos los estudiantes levantaron la mano. El profesor se disponía a elegir al primer concursante cuando la alarma de su smartwatch le avisó de que la clase había llegado a su fin.

—¡Qué pena! —dijo el profesor recogiendo las cajas, se nos ha terminado el tiempo.

—El próximo martes partimos eligiendo el cofre —propuso Sofía mientras se encomendaba a la imagen de la Virgen que tenía en su billetera.

—No tendrán otra oportunidad como esta. Por lo menos en mi clase. —El empresario sabía la decepción que sus palabras provocarían en los alumnos, pero era parte del aprendizaje.

—¡Pero si no fue culpa nuestra, se nos acabó el tiempo! —alegó Facundo.

—Ya saben lo que pienso sobre el tiempo —recalcó Maximiliano—. Eso sí, no se van a librar de la tarea: responder a las siguientes preguntas. —Y comenzó a escribir en el pizarrón:

1. ¿Qué rol estoy dispuesto a asumir frente a las oportunidades que se me presenten? ¿Me quedaré como espectador, dejaré que mis miedos tomen el control de la situación, me dedicaré a evaluar las opciones hasta que se me pase el tiempo, o tomaré las oportunidades?

2. Quiero tener mi propia empresa, pero no estoy dispuesto a asumir riesgos, ¿cómo puedo hacerlo?

El profesor se retiró de la sala de clases dejando a los alumnos con la sensación de haber perdido mucho más que una gran oportunidad.

- En los emprendimientos debes elegir: arriesgarte y vencerle al miedo o arriesgarte y ceder ante el miedo.
- En la vida hay espectadores de oportunidades y quienes toman las oportunidades. ¿En qué grupo estás tú?
- Súbete a la montaña rusa del emprendimiento.

TODO COMENZÓ, BAILANDO

Un fin de semana en la playa. Sol y alcohol era todo lo que sus cuerpos necesitaban. Debían desconectar un poco de la vorágine de la empresa o iban a reventar. Los amigos y socios decidieron apagar sus teléfonos y, tal como en la época de universitarios, subirse al auto rumbo a la costa.

Llegaron a la costa el viernes, pasadas las nueve de la noche. Fueron al negocio de la señora Lucía a comprar las infaltables empanadas de mariscos y camarón con queso, no hay escapada a la playa sin esta delicia gastronómica. Aunque el cuerpo les pedía acostarse a dormir por el cansancio acumulado, se negaron a obedecerlo tomándose un café bien cargado para salir de fiesta. El panorama para aquella noche: la discoteca de moda de las Rocas de Santo Domingo.

Con el infaltable whisky con Coca-Cola en la mano, estaban listos para ir a vitrinear a la pista de baile. Poco tiempo tenían para una relación desde que decidieron emprender. Importext acaparaba toda su atención, pero ninguno de los jóvenes se negaba a la posibilidad de aventuras casuales.

Un grupo de cuatro chicas llamó la atención de José Pablo quien le pegó un codazo a su amigo indicándole hacia dónde debía mirar. Tenían pinta de universitarias escapando de los exámenes finales o celebrando que habían terminado su tesis. Las jóvenes que estuvieran pendientes de sus teléfonos serían las comprometidas, quienes tendrían que reportarse a sus novios o mentirles mandándoles un mensaje diciéndoles que estaban a punto de irse a dormir. Bailaban entre ellas acercándose de vez en vez para comentarse algo al oído, incluso para indicarse con la mirada cuando veían a un hombre guapo. También estaban de caccría, eso emocionaba a los amigos que, sin decirse nada, sacaban las mismas conclusiones.

—¿Con cuál? —preguntó José Pablo.

Años de fiestas juntos les aportaba la experiencia de los pasos a seguir, la estrategia e incluso las claves para apoyarse en las conquistas.

Maximiliano estaba indeciso, si con la rubia de la chaqueta corta o con la de melena, a quien sólo le había divisado el perfil y el contorneado cuerpo. En ese momento, la chica de la larga melena, al escuchar algo que decían sus amigas, explotó en risas. Maximiliano no pudo evitar reír contagiado con la alegría que desbordaba. Aun cuando la música le impedía escuchar lo que ocurría a su alrededor, la carcajada de aquella mujer resonó con total claridad en sus oídos. Ahí estaba, embargado de una felicidad que una desconocida le transmitía.

José Pablo se dio cuenta de cuál era la elegida de su amigo y lo siguió mientras veía cómo Maximiliano caminaba en dirección al grupo de mujeres.

—¿Bailamos? —preguntó a la joven que le había seducido.

—No, gracias —respondió ella dirigiéndole una sonrisa y desviando su mirada a las dos amigas que quedaban en la pista. Una de ellas se había ido a bailar con José Pablo.

—Sólo una canción —dijo el coqueto galán tratando de convencerla.

—No, gracias.

—¿Estás segura? —insistió Maximiliano—. Te puedo dar un par de clases de baile —agregó con cierto aire de arrogancia mientras movía sus hombros.

La chica de la melena lo miró de reojo tratando de identificar las cualidades de las que hacía gala aquel joven. De algo no había duda, sus hermosos ojos verdes eran una excelente carta de presentación.

—¿Y si no tuvieras nada que enseñarme?

Maximiliano sacó a relucir su espíritu vendedor y tomó la pregunta como una oportunidad de cerrar el acuerdo.

—Todas las clases están garantizadas. Si no quedas conforme con el profesor, te regalamos un trago de cortesía —dijo y extendió la mano.

—Una canción —respondió, imaginando el cóctel gratis.

Un merengue sonó y Maximiliano agradeció la conjugación de los astros en su favor. Aquel era uno de los bailes a los que podía seguir el ritmo, así lograría mantener un poco más su falsa fachada de bailarín experto.

La joven colocó el brazo izquierdo sobre el hombro de su pareja de baile y se dejó llevar. Para su sorpresa, no lo hacía tan mal, y eso que en sus tres años haciendo clases de bailes tropicales en la universidad había tenido experiencia con bailarines desastrosos.

La cadencia del ritmo dominicano pronto disipó la tensión entre los desconocidos, lo que permitió a Maximiliano ir un paso más allá.

—¿Cómo te llamas? —preguntó acercándose con suavidad.

—Eloísa —contestó arreglándose el pelo y separándolo de su cuello.

—Maximiliano —respondió el bailarín agradecido de conocer el nombre de aquella mujer, que con el imán de su sonrisa le atrajo desde el primer momento que la vio.

Ese merengue dio paso a muchos bailes más. Afortunadamente, para cuando Eloísa confirmó que Maximiliano tenía mayor soltura con las palabras que en la pista de baile, el ritmo del amor ya comenzaba a danzar entre ellos.

EMPRENDER ES SONREÍR

Los alumnos se paseaban incrédulos por la sala. Eran más de las nueve y Maximiliano no llegaba. Estar en la clase diez minutos antes, con su café recién comprado, era una característica indiscutible del profesor. Algo había pasado.

Aquel evento fuera de lo común provocó que algunos estudiantes comenzaran a angustiarse y quisieran dar aviso a la dirección de la universidad. Mientras que en otros activaba el interruptor de la travesura. Ésta era la oportunidad que tendrían de pasarle la cuenta, cerrando la puerta a las nueve y cuarto. Entre risas comenzaron a decorar el famoso cartel que colgarían frente a sus narices: «Llegas tarde, hasta el próximo martes».

Facundo ya se acercaba a la puerta para colgar el cartel con una gran sonrisa en su rostro, mientras Sofía y Mateo retorcían las manos, ansiosos. Cuando quedaban unos segundos el profesor entró a toda máquina a la sala y tiró su maletín en el escritorio.

—Perdonen, pensé que no lograría llegar.

—Maximiliano, nos tenías muy preocupados —dijo Sofía.

—Ya querían ir a la morgue a identificar tu cadáver. —Se burló Cristóbal.

—Yo tenía el cartel listo. —Facundo mostró la hoja con letras en rojo—. Lo voy a guardar. Algún día podré usarlo.

—Lamento haberlos preocupado, podría inventar miles de excusas, pero la verdad es que mi reloj biológico se tiró a huelga y se negó a despertarme hoy. Si no es por mi señora, estaría como un profesor humillado tocando esa puerta y pidiendo, por favor, que me dejaran entrar.

Maximiliano juntó sus manos en señal de súplica e hizo pucheros haciendo reír a los estudiantes con su gesto. Sacó un pañuelo desechable de su maletín y se secó las gotas de sudor de su frente.

—Bueno, como no he alcanzado a desayunar, ¿qué les parece si nos vamos a tomar un café? Como diría mi abuelo: «Que Alá nos pille con un tinto en el cuerpo». Recojan sus cosas, los voy a llevar a una cafetería «levanta ánimos».

—¡Uy, este Maximiliano se las trae, nos va a llevar a un café con piernas! —. Facundo se creó grandes expectativas.

El profesor levantó un dedo en señal de advertencia ante el comentario del alumno e incitó al grupo a que lo siguieran.

Caminaron cuatro cuadras desde la universidad hasta llegar a una casona del centro de Santiago, que a diferencia de sus vecinas era la única que parecía estar de fiesta. Su pared, pintada de rosado, contrastaba con el verde de los balcones. A la entrada, un mural de mosaicos hacía honores a la Ciudad Amurallada.

Aquella fachada era un anzuelo a los cientos de colombianos que, con nostalgia, añoraban su hogar, y un excelente gancho para los chilenos ilusionados con la idea de visitar aquellas tierras del caribe. El olor a panes y pasteles recién horneados se sentía desde la calle, que como una mano de humo tomaba a los transeúntes de las fosas nasales para introducirlos a los secretos del Barracón Colombiano.

El diseño de mosaicos de baldosas de colores blanco y marrón en el piso transmitía el mensaje que estaban entrando a la zona de los grandes cafeteros del mundo. La cumbia, empleada fiel desde la apertura al cierre del local, hacía dudar entre las ganas de bailar o disfrutar de aquellas delicias que se veían en la vitrina. Una garzona, cuya sonrisa anticipaba a sus palabras, se acercó a recibirlos con el afecto de quien va a saludar a los familiares que recién llegan de su país y no los ha visto en años.

—Buen día, don Maxi, ¡qué gusto verlo por acá! Ya veo que trajo a sus amigos. Bienvenidos a este pedacito del caribe que con todo el amor, cariño y dulzor los espera. Pero pasen, no se me queden ahí parados. Qué sorpresa y alegría tan grande, don Maxi. —La mujer no paraba de hablar mientras, con los movimientos de su cuerpo curvilíneo, los invitaba a entrar.

—Buen día para usted también, Mireyita —contestó con cariño Maximiliano—. ¿Dónde podremos instalarnos con esta tropa de emprendedores para tomarnos un café?

—Pues donde gusten. Díganme dónde quieren sentarse que yo les preparo el local para ustedes. Emprendedores me dice, así como usted. ¡Pero qué lindo, que Dios me los bendiga a cada uno por seguir los pasos de su profesor! Él es un hombre inteligente y muy bueno, no saben cómo nos ha ayudado con nuestro barracón —decía mientras juntaba varias mesas para que pudieran sentarse en grupo.

Los estudiantes, cual rebaño hipnotizado por la exuberante gentileza de Mireyita, se dejaban llevar a donde los guiara.

—Siéntense y pónganse cómodos, que ya les traigo las cartas. Aquí van a probar el verdadero sabor de Colombia —agregó haciéndoles un guiño coqueto y se alejó en busca de los menús.

—¿Don Maxi? —se burló Facundo.

—¡Mireyita, uuuuuh! —empezaron a molestar los alumnos.

Los comentarios cesaron de inmediato al ver a la morena que venía con las cartas del local en la mano.

—Aquí está nuestra exquisita gastronomía —comentó la mujer a quien parecía que se le activaba el modo hablar solo de ver a una persona al frente—. Tienen toda la selección de pastelitos, bollería, panes, sándwich, jugos, lechosas, batidos, cafés y tés. Ustedes pregunten, yo con todo gusto les explicaré.

—Esto se ve riquísimo. — Sergio señaló un sándwich en la carta que parecía una torre.

—También podemos hacer un tour por la vitrina y les cuento qué es cada una de las cositas ricas que ahí se ven. Así se animan a probar algo nuevo —enfatizó la mujer de la permanente sonrisa.

—No sabría qué pedir. —Los ojos de Mateo se perdían entre las hojas de manjares caribeños.

—¿Y si nos sugiere algo? —pidió Sofía.

—Dígame, Mireyita, no me trate de usted, que me hace sentir vieja —respondió coqueta.

—Entonces, sugiérenos algo, Mireyita —comentó Cristóbal—, así conocemos algo de tu país con buenas referencias.

—Pues yo feliz. ¿Qué les parece si preparo unos platos con surtidos de panes y pasteles para que prueben?

—Sí —respondieron entusiasmados los estudiantes.

La morena miró de reojo a Maximiliano buscando su aprobación quien, de inmediato, levantó su pulgar.

—Pues que me han dicho, vamos a preparar para estos jóvenes un festín gastronómico que les alegrará el día. Samuel hará los diseños más lindos para todas las mujeres que están en esta mesa con la espuma del café. ¿Quién quiere un cortado? —preguntó.

Todas las chicas se anotaron de inmediato con la promesa del detalle en el café que les dedicaría el moreno, y los jóvenes también, aunque aclarando que era por la tradición que tenía el café colombiano. La mesera feliz fue a despachar aquellas comandas, como quien lleva en sus manos la lista de regalos de Navidad de un grupo de jóvenes, asumiendo la responsabilidad de hacer que sus deseos se cumplan.

—Bueno, Maximiliano, parece que tú eres cliente frecuente de este negocio —dijo Raimundo abriendo el tema de conversación que intrigaba a todos.

—Así es, yo vengo a esta cafetería desde sus inicios, cuando era un cuarto de lo que es ahora. Tenían solo una vitrina, la caja y tres mesas. Pero como siempre me ha encantado el buen café…

—¿Y cómo pasaron de ese negocio chico a tener este lugar? —preguntó Mateo admirando aquella casona de tres pisos.

El profesor acercó su cuerpo a la mesa para que los estudiantes que estaban en el fondo pudieran escucharlo. Esperaba ansioso esa pregunta. Aquel tema de conversación era la razón por la cual los había llevado al Barracón Colombiano.

—La respuesta la tienen ustedes —respondió.

—¿Nosotros? —Carolina no entendía aquella referencia.

—Sí, ustedes —reiteró Maximiliano—. Como clientes deben saber mejor que nadie por qué este lugar pasó de ser un boliche a una tremenda cafetería con clientela fiel, como yo. Cuéntenme, ¿cómo ha sido su experiencia aquí?

—La verdad, increíble —contestó Sofía de inmediato.

—Desde que entras te sientes como si estuvieras en otro lugar de Santiago, nada que ver con las casas grises y llenas de esmog —agregó Carolina mientras movía sus hombros al ritmo de la cumbia.

—Es cierto, esto es una fiesta. La música y la decoración te alegran el día —comentó un alumno de la última mesa.

—Bueno, y Mireyita —dijo con picardía Facundo dibujando con sus manos la silueta de la colombiana—, no podemos olvidarnos de eso.

Los jóvenes del grupo se miraron con complicidad. La exuberante mujer había despertado en ellos más de alguna fantasía.

—Es un encanto, con esa alegría caribeña hace que te olvides de tus problemas. ¿Todos los días es así? —preguntó Sofía.

—Todos los días —confirmó Maximiliano—. Siempre te atiende con esa gran sonrisa.

—Ojalá yo tuviera esa energía, ese carisma. —Raimundo deseaba ser tan sociable como aquella mesera.

—¿Cómo se sienten ustedes en un lugar donde los atienden así? —preguntó el profesor.

—Como reyes —respondió Cristóbal.

—Especiales —agregó Mateo.

—Como en casa. —Facundo se recostó con total confianza en el sillón.

—¿No les dan ganas de volver? —insistió Maximiliano.

—Por supuesto. —Sofía estaba encantada con el lugar.

—Ya tengo ganas de venir con mis amigos —dijo Sergio.

—A mi novia sí que no la traigo, no se me vaya a poner celosa con estas colombianas —acotó Facundo, y todos rieron.

Los alumnos disfrutaban de aquel lugar. Se sentían viajando por los rincones del país caribeño. La música los llevaba a recorrer lugares fantásticos como Macondo, al ritmo de la canción que sonaba de fondo… «Eres, la epopeya de un pueblo olvidado».

—Ustedes podrán vender si tienen un buen producto —agregó el profesor para rescatar aquella experiencia que agasajaba a los estudiantes—, pero la clave del éxito es que el mismo cliente te compre más de una vez, y eso se consigue solo si te hacen sentir así.

—Don Maxi, deje a los niños descansar un ratico, ya tendrán tiempo para seguir con sus clases —interrumpió Mireyita.

La camarera llegó con una bandeja rebosante de delicias de diferentes texturas y colores. La sonrisa en su rostro demostraba que cargaba aquel peso sobre su hombro derecho sin mayor esfuerzo.

—Miren todo lo que les traje. Aquí tienen pancacho, chicharrón, pan de bono, buñuelos y mojicones —explicaba mientras colocaba los platos en la mesa—. Esto es pan de yuca, aquí hay rosquillas y esos son pio nonos para endulzar la mañana.

—Ya les comentaba a estos emprendedores que la que está dando la cátedra hoy es usted —comentó Maximiliano mientras los jóvenes se abalanzaban sobre la comida.

—¿Yo? Pero qué voy a saber yo de esas cosas, don Maxi —respondió la morena dejando sobre la mesa unas servilletas.

—Pues sí que sabe, y mucho —refutó de inmediato el profesor a la garzona—. Durante este desayuno ha enseñado a estos futuros empresarios que lo importante en todo negocio es la atención al cliente. Y en eso, usted es la reina. ¿O no, muchachos?

—¡Sí! —contestaron a coro, dejando entrever algo de la gastronomía colombiana en sus bocas.

—¡Un aplauso para Mireyita! —gritaron desde el fondo.

—¡Ay, mi Dios! no hagan eso, miren que yo me sonrojo enseguida —respondió aquella mujer que por primera vez escondió la sonrisa detrás de las palmas de sus manos.

- Sonreír y saludar, las piedras angulares de la atención al cliente.
- Si un negocio trata bien a sus clientes, los clientes tratan bien al negocio.
- Si te centras en vender productos tendrás clientes infieles, si te centras en la experiencia, tendrás clientes fieles.

GIRO DE TIMÓN

El lugar elegido para celebrar la fiesta de aniversario por los diez años de Importext hacía gala del posicionamiento que la empresa había logrado en el mercado local. Las escalinatas del Castillo Hidalgo en la cima del Cerro Santa Lucía daban la bienvenida a los trabajadores y proveedores. Fieles colaboradores que durante aquella década fueron partícipes del crecimiento de aquel negocio de compra y ventas que partió en la casa de Maximiliano.

Las terrazas de estilo neoclásico atraían a los invitados con las hermosas vistas de la ciudad de Santiago. Los garzones se preocupaban de que todos los asistentes tuviesen su copa de espumante o de vino, seleccionado con sumo cuidado para la ocasión.

A las ocho en punto se escuchó la voz de Maximiliano invitando a los presentes a tomar asiento en sus mesas. Instalado en el escenario, ubicado al lado de la escalera central, dio inicio a su discurso. Con la locuacidad que lo caracterizaba, hizo un recorrido por la historia de Importext.

Un video que mostraba imágenes desde los inicios del emprendimiento, en una «guarida» llena de cajas, se reproducía a sus espaldas. Hizo el recorrido hasta aquel momento, en el que la empresa contaba con una planta de oficinas corporativas más tres puntos de distribución en distintas regiones de Chile.

Agradeció a todos por el esfuerzo, dedicación y permanente deseo de ir siempre un paso más allá. Sabía que el traspasar los límites propios, como los que les imponía el mercado, la economía e incluso los mismos clientes, era el motor que hacía que cada día se levantaran con el deseo de dar lo mejor de sí. Esa era la clave de que la empresa estuviera celebrando sus diez años, con el deseo de que fuesen muchos más. José Pablo, manteniendo su perfil de hombre de pocas palabras, se limitó a alzar la copa junto a su socio para hacer el brindis e invitar a los asistentes a disfrutar de aquella fiesta que se había organizado en su honor.

La banda comenzó a tocar *bossa nova*, señal para que aparecieran los mozos con los primeros platos de aquella cena de cinco tiempos. Maximiliano y su socio fueron a la mesa donde les esperaban Eloísa y la pareja de turno de JP, quien sostenía relaciones emocionales pasajeras, pues era la empresa quien acaparaba todo su compromiso. Disfrutaron de las delicias que, como una danza gastronómica, se sucedían unas tras otras.

La cumbia, que sonó por los parlantes del salón haciendo retumbar los vitrales del castillo, dio el inicio a la fiesta. Eloísa, sin dudar, arrastró a su esposo a la pista, pero sólo alcanzaron a bailar un par de canciones. Maximiliano comenzó a sudar, su rostro palideció y tuvo que pedirle un descanso. Pensó que los excesos de alcohol y comida de la noche le estaban pasando la cuenta. El malestar se agudizó con la aparición de otros síntomas que hicieron que Eloísa tomara la decisión de llevarlo a la clínica.

Esa noche, Maximiliano quedó hospitalizado. Los médicos necesitaban contener los vómitos que no cesaban, colocándole medicamentos vía intravenosa. Le tomaron varias muestras de sangre para examinarlas. A la mañana siguiente, ya se sentía mucho mejor, incluso esperaba ansioso el desayuno.

—Enfermo que come no muere —dijo Eloísa quien había ocupado el sillón cama para los acompañantes aquella noche.

—Pero al parecer, comí mucho ayer —respondió Maximiliano.

El médico de turno ingresó a la habitación con los resultados de los exámenes.

—Maximiliano, ¿cómo te has sentido? —preguntó y se acercó a palparle el estómago.

—Todo bien doctor, parece que me excedí con los camarones en la fiesta.

—Pues los camarones te salvaron —contestó el especialista manteniendo aquella cara inexpresiva que impedía anticipar el final de la película.

—¿Me salvaron, de qué? —El paciente se incorporó en la cama para escuchar con atención la explicación del médico.

—Tuviste una descompensación por un alza de insulina. Llegaste ayer con seiscientos de glicemia, eso son niveles altísimos, podías haber tenido un coma y hoy no estaríamos conversando.

Maximiliano quedó perplejo al escuchar aquella noticia. Cierto era que las frecuentes cenas de negocios habían hecho notar su abdomen, pero era un hombre joven y muy activo. Eloísa miraba a su marido con preocupación, atenta de todo lo que decía el médico.

—Voy a tener que cuidarme —sonrió dándose palmadas en el estómago.

—Vas a tener, no —respondió el especialista enfático—, ¡tienes que cuidarte! Con los niveles de insulina en sangre no hay duda, eres diabético.

—¿Diabético? —Su voz salió desencajada—, pero esa es una enfermedad que la da a los ancianos.

Sin entender lo que estaba pasando, Maximiliano se concentró en arreglarse la bata de hospital. Pedazo de tela, a su parecer inservible, pues al menor movimiento dejaba ver todo el cuerpo de quien la usaba. Situación que lo hacía sentir más expuesto y vulnerable luego de ese diagnóstico.

—Doctor —interrumpió Eloísa que se puso de pie junto a la cama de su marido y le tomó la mano—. ¿Podría decirnos qué significa que sea diabético?

—La diabetes es un exceso de azúcar en la sangre. El páncreas no sintetiza la cantidad de insulina que el cuerpo humano necesita, ya sea porque la elabora de una calidad inferior o no es capaz de utilizarla con eficacia —explicó el médico internista—. Que la glucosa esté elevada no es un juego, puede ser perjudicial para todo el organismo, en especial para el corazón, el riñón y las arterias. Por eso las personas con esta enfermedad tienen más riesgo de problemas renales, infartos, pérdida de visión y amputaciones de miembros.

—¿Y por qué me pasó esto?

Maximiliano se negaba a aceptar aquel diagnóstico que, como una encomienda no solicitada, el médico venía a dejarle a la puerta sin aceptar devolución. Sus ojos llorosos comenzaron a enrojecer por la presión que hacía para contener el par de lágrimas, que con fuerza pujaban por salir.

—Se desconoce el motivo exacto que provoca la enfermedad, aunque hay prevalencia de factores genéticos y ambientales, como el sobrepeso y la inactividad física, que contribuyen a su aparición.

—Pero tiene tratamiento, ¿cierto? —preguntó Eloísa buscando un atisbo de esperanza.

—Lo primero que tienes que entender es que la diabetes es una enfermedad crónica, es decir, la tendrás de por vida. Necesitarás medicamentos.

—¿De por vida?

El enfermo estaba en estado de shock. Se tomaba la cabeza con ambas manos intentando que no le estallara con la información que estaba recibiendo. Sentía aquel diagnóstico como una sentencia que debía cargar hasta el final de sus días.

—Alimentación saludable, ejercicios y tu medicación, es la triada que te mantendrán sano —continuó el médico, dando la explicación de los aspectos técnicos del tratamiento.

—Siguiendo esas indicaciones, ¿podrá tener una vida normal? —Eloísa miró a su esposo.

—Si se cuida, siendo riguroso con la alimentación y sus medicamentos, no debería tener problemas. ¿Les queda alguna duda? —preguntó el especialista, que sin dar mucho tiempo a que el paciente y su esposa pensaran se despidió para continuar con su trabajo.

Dudas tenían muchas, pero el médico sería incapaz de responderlas todas. En aquel momento se insertaba en sus vidas una variable que les haría cambiar el rumbo del barco, o más bien que los soltaba a la deriva. Eloísa no dejaba de acariciar la mano de Maximiliano.

—Bueno, tendremos que incorporar recetas sanas a nuestro menú, y que sean ricas, porque no vamos a estar comiendo todos los días pollo a la plancha con lechuga —dijo en señal de apoyo a su marido.

—¿Escuchaste lo que dijo?, puedo quedar ciego o cojo —la increpó, no entendía cómo Eloísa se preocupaba de la comida cuando su escenario era el peor.

—Si no te cuidas. Así que hoy crearemos un compromiso los dos de llevar un estilo de vida más saludable.

—Eso es imposible, ¡es para toda la vida! ¿Acaso no escuchaste? ¡Para toda la vida! —Dio vuelta a su rostro para evitar que vieran su vulnerabilidad.

—¿Quién es el que siempre dice que no hay imposibles? Que las metas mientras más grandes y desafiantes son, más emocionantes se tornan. —Citó la frase que tantas veces había escuchado decir a su esposo cuando quería iniciar un nuevo negocio.

—No es lo mismo, aquí está en juego mi vida —respondió con un hilo de voz.

—Con mayor razón tendremos que hacer un cambio. Como tú me has enseñado, hay que darle un giro a este timón para estar muchos años juntos. Quiero que me sigas mirando con esos hermosos ojos verdes hasta que sea viejita.

Eloísa tomó la cara de Maximiliano entre sus manos y, con suavidad, la giró hasta lograr que su esposo la mirara. Le dio un beso en cada uno de sus párpados y se acostó a su lado de la cama.

EMPRENDER ES VENDER

Su tema favorito había llegado. Ese día, los alumnos aprenderían lo que Maximiliano consideraba que era la principal competencia a desarrollar para adentrarse en el mundo de los negocios: aprender a vender.

—Hoy van a formar pareja con la persona que menos conozcan —dijo para comenzar la clase—. Miren a su alrededor y elijan a ese compañero con quien hayan hablado poco o no hayan intercambiado palabras en lo que va de año.

—¿Acaso es un *reality* de citas? —preguntó Facundo.

Maximiliano le siguió la corriente sin darle pistas sobre la actividad venidera, esperando que se conformaran los dúos.

—Voy a entregar a cada uno un lápiz que van a vender a su compañero en un minuto por el valor de quinientos pesos.

—¿Quinientos pesos? —se escuchó un grito desde el fondo de la sala.

—¿Quién va a comprar un lápiz a ese valor? —objetó Raimundo cruzándose de brazos.

—Mi desafío ha llegado. —Cristóbal apretó los puños dándose fuerza para demostrar su valía como comerciante.

—Como toda gestión de venta, conseguirán su incentivo. —Rozó los dedos índice y pulgar de su mano derecha en señal de dinero—. Todas las ventas realizadas irán a un pozo. El mejor vendedor decidirá qué hacer con ese dinero.

—Ahora sí que se puso interesante el juego. —Carolina restregaba sus manos.

—Decidan cuál de los dos integrantes comenzará. Cuando pase el primer minuto, les avisaré para que el siguiente comience a vender. —El profesor ajustó el cronómetro de su reloj—. A partir de ahora, corren los primeros sesenta segundos.

Los alumnos se dispusieron a iniciar la actividad situando sus sillas frente a sus desconocidas parejas. Pronto el bullicio inundó la sala, acompañado de gestos que intentaban hacer brillar los lápices que tenían en sus manos, con el objetivo de lograr el sí de su comprador y ganarse la comisión.

—¡Tiempo! ¡Cambio de vendedor! —avisó Maximiliano.

Era el turno del segundo grupo para sacar a relucir su mejor estrategia comercial. Al pasar el siguiente minuto, el profesor detuvo la actividad.

—*Show me the money* —dijo Maximiliano parafraseando la película hollywoodense.

—¡Imposible vender un lápiz a quinientos pesos! —refutó Facundo.

—¿Quién usa lápices? —agregó Sofía mirando con desprecio el producto.

—¿No hubo ni una venta?

El profesor se mostró decepcionado al ver la negativa de los estudiantes. Exageró su malestar dejando salir un suspiro y cruzándose de brazos.

—Uno tiene que vender algo que le apasione —intentó defenderse Cristóbal.

—A lo mejor los tiré muy pronto a los leones —reconoció Maximiliano asumiendo que los jóvenes no tenían el entrenamiento necesario para vender—. Realizaremos otra actividad que les ayudará a sentirse mejor. ¿Saben ustedes lo que hacen los lazarillos? —preguntó a los alumnos mientras sacaba de su maletín varios trozos de tela negro.

—Son los que guían a las personas ciegas —respondió Sofía.

—Exacto, hoy van a dejarse guiar por su compañero quien actuará como un lazarillo. —Maximiliano avanzó hacia los estudiantes entregando un pedazo de tela por cada pareja.

Quienes recibían el genero lo colocaban en sus ojos como un antifaz. Se veían cabezas que se levantaban intentando buscar una rendija entre la tela y la hendidura de los ojos.

—Antes muerta que dejarme guiar por éste —reaccionó de inmediato Carolina que debía depositar su confianza en Facundo.

—Tengo certeza de que todos ustedes serán cuidadosos y evitarán cualquier peligro a sus compañeros, por una sencilla razón.

—¿Cuál? —preguntó Mateo.

—Quienes ahora son los lazarillos luego serán los ciegos. Deben llegar hasta el kiosco que está al lado del casino, ahí hacen el cambio y se devuelven —agregó Maximiliano.

—¡No puedo creer todas las tonteras que hacemos! ¿Qué tiene esto que ver con emprender? —replicó molesto Raimundo.

—Ya van a ver —respondió Maximiliano—. Ustedes vayan con cuidado mientras yo juego a los palitos chinos con estos lápices.

—No se te ocurra hacerme una de tus bromas —Carolina amenazó levantando su puño a Facundo.

Las duplas de ciegos y lazarillos comenzaron su exploración. Los guías, de inmediato, adoptaron una postura que les permitía ayudar a su compañero por si tropezaban. Con un tono de voz cálido, distinto al que solían emplear en la sala de clases, iban avisando de los obstáculos que se avecinaban: «Derecho, no hay nada por ahora, cinco pasos más y vienen las escaleras». Por su parte, quienes asumieron el papel de mayor vulnerabilidad se aferraban al brazo de los lazarillos. Con pasos cortos tanteaban el terreno y, centímetro a centímetro, iban depositando la confianza en sus guías.

Cincuenta y tres minutos después comenzaron a llegar las primeras parejas. Habían alternado en sus roles y el cambio actitudinal se notaba en la forma que interactuaban. Los que representaban el papel de la persona ciega tenían un andar mucho más relajado dejándose llevar por su lazarillo, quien con seguridad indicaba la ruta a su compañero como copiloto de *rally*.

—Ya me estaba preocupando —comentó Maximiliano mirando su reloj.

—Regresamos vivitos y coleando. —Los alumnos se quitaban sus vendas al ingresar a la sala.

—¿Todo bien, Carolina? —preguntó el profesor.

—Detrás de esta apariencia de metro sexual hay un tierno caballero —agregó la joven refiriéndose de su lazarillo.

Los alumnos volvieron a sus puestos. Comenzaron a ordenar sus asientos para dejarlos mirando hacia el pizarrón. Al ver sus intenciones, Maximiliano intervino de inmediato.

—Esto no ha terminado aún. Vamos a aprovechar los minutos que nos quedan.

—¡Qué pena! Ahora viene la parte en que jugamos a que los alumnos no podemos escuchar—interrumpió Facundo tapándose las orejas.

—Buen intento —respondió el profesor—. La clase de hoy trata sobre vender y, que yo sepa, nadie ha vendido nada aún. Así que tomen sus lápices. —Entregó los productos a las parejas—. Repetiremos la actividad. Cada uno tendrá un minuto para vender el lápiz al compañero a un valor de quinientos pesos. Terminado ese minuto, le tocará el turno al otro. ¿Entendido?

—¡Sí! —respondieron los estudiantes mientras volvían a situarse frente a su compañero.

—¡Ya! —avisó Maximiliano.

Los vendedores de turno comenzaron a hacer gala de sus habilidades, pero esta vez con una cercanía y preocupación diferente por su interlocutor. Por su parte, los compradores se notaban más receptivos a escuchar, e incluso se empezaron a ver las primeras compras. El profesor observaba orgulloso los resultados del ejercicio.

—Cambio en las parejas. —Maximiliano pasaba por los puestos de los alumnos entregándoles más lápices a quienes ya habían vendido todo su stock.

La efervescencia de la negociación se palpaba en la sala de clases. Un mini *Wall Street* mostraba a los futuros empresarios que hacían sus primeras transacciones.

—Muy bien, jóvenes. —El profesor caminó hacia el pizarrón para anotar los resultados—. ¿Qué tal las ventas?

—Yo vendí tres lápices —se apresuró a contestar con orgullo Cristóbal.

—Es que este hombre vende huevos a las gallinas —agregó Sergio mostrando tres lápices recién adquiridos.

—Me anoto con dos ventas —dijo Carolina.

—Cristóbal, parece que tienes competencia. —Facundo celebró el logro de su compañera.
—¿Alguna otra venta? —preguntó el profesor.
Varios alumnos levantaron la mano. Nadie quería quedar al margen de participar por el pozo de las ventas generadas.
—¿Todos vendieron algo?
—Bueno, nosotros no —agregó Sofía—. Mateo no andaba con dinero, así que me ofreció un trueque: el lápiz por unas galletas.
—¿Cuál es el valor de las galletas que le diste? —quiso saber Maximiliano.
—Unos trescientos pesos —respondió el alumno.
—Entonces te aceptaron la transacción con un descuento —agregó el profesor anotando una venta más en la pizarra, lo que alegró a la alumna que no quería ser la única sin vender.
—Somos unos «Girard» de las ventas —dijo Cristóbal eufórico haciendo alusión a su ídolo Joe Girard, quien ostenta el record guinness por haber vendido trece mil vehículos en sus quince años trabajando en una automotora.
—¿Qué fue lo que pasó? —pidió que le explicaran—. Es el mismo lápiz que al principio de la clase ustedes dijeron que ya nadie usaba porque todos tenían teléfonos inteligentes y computadoras.
Maximiliano se sentó en el borde de su escritorio haciéndose el desentendido. Quería que los estudiantes comentaran desde la experiencia vivida cuáles habían sido las claves del éxito en sus ventas.
—Al principio estábamos a la defensiva —respondió Sergio—. Sabía que Cristóbal me quería vender, así que tenía que protegerme: ¡aléjate, satanás! —Puso sus dedos en forma de cruz.
—Yo solo tenía en mente ganarme la comisión —agregó Cristóbal.
—Además, no nos conocíamos. Que venga alguien con quien nunca has interactuado a venderte algo, molesta. —Sofía se había sentido intimidada con tanta presión.
—Éste no dejaba de decir que era el mejor vendedor del mundo. —Carolina miró de reojo a Facundo reprobando su estrategia inicial. Su lazarillo le hizo un guiño coqueto.

—¿Qué fue lo que cambió? —Maximiliano los instó a encontrar las respuestas.

—La segunda vez, yo me sentí mucho más comprendida, ya no era comprar un lápiz porque sí, sino para escribir en mi agenda que me acompaña todos los días. La idea me la aportó el vendedor —dijo Sofía señalando a su compañero.

—Mientras fui el lazarillo de Carolina, tuvimos la oportunidad de conversar de verdad, cosa que nunca habíamos hecho —comentó Facundo algo avergonzado—. Me contó sobre su estilo de vida en sintonía con el medio ambiente. Alguien como ella no podía usar lápices plásticos, así que la venta fluyó.

—Parece que para vender hay que conocer al cliente.

Maximiliano se dirigió a la pizarra y anotó esa primera premisa: «conocer al cliente».

—¿Qué otros aprendizajes sacan de esta experiencia?

—Es raro. —Mateo mostró cierta dificultad para expresar la idea que daba vueltas en su cabeza—. Enfrentarse al mundo sin poder ver te hace aferrarte a la persona que te ayuda. Empiezas a confiar en ella. Luego, cuando viene a venderte, le crees mucho más. ¿No sé si a ustedes le pasó algo parecido? —preguntó dirigiéndose a sus compañeros.

—Al principio veía a un «vendedor de seguros» hablando de los magníficos beneficios del lápiz; un charlatán —prosiguió Raimundo—. Después creí todo lo que me decía.

—«La mejor forma de vender algo: no venda nada. Gánese la confianza y el respeto de aquellos que podrían comprar», decía Rand Fishkin.

El profesor anotó en la pizarra la palabra «confianza».

—¿Y cómo vamos a lograr que confíen en nosotros? —cuestionó Sofía—. No podemos ir jugando al lazarillo por la vida.

—La venta es un proceso. Ustedes quisieron «vender en frío» cuando intentaron que el compañero que menos los conocía les comprara el lápiz.

—Hay que entrar en calor. —Facundo frotaba sus manos con picardía.

—Es importante ir paso a paso —respondió el profesor—, como al conquistar a alguien que les gusta. No ven de pronto a esa persona y le piden matrimonio.

—¡Ni loco! —saltó de inmediato el don Juan del curso.

—¿Por qué entonces alguien debería comprarles sin conocerlos? —El catedrático dejó planteada la pregunta.

Los estudiantes se miraron asintiendo. Ellos mismos habían confirmado desde la experiencia lo difícil que es vender sin conocer al cliente. Por otro lado, que te vendan sin miramientos tampoco es recomendable.

—Tenemos que ponernos en los zapatos de la otra persona. —Cristóbal trataba de absorber todos los contenidos de aquella clase.

—Exacto. —Maximiliano rescató las palabras del alumno—. Hay que ponerse en el lugar del cliente, saber lo que quiere, lo que piensa; conocerlo. Por eso a ustedes les fue más fácil introducir el producto, que insisto era el mismo, cuando detectaron las necesidades de sus compañeros.

—Pero para que alguien confíe se necesita mucho tiempo —insistió Sofía.

—¿Qué se necesita para ganar la confianza de una persona? —El profesor traspasó la pregunta al grupo.

—Ser honestos. —Carolina miró de reojo a Facundo.

—No sacan nada con decir que son los mejores vendedores o que el producto es la cura a todas las enfermedades cuando el cliente, en dos segundos, se da cuenta de que es falso —confirmó el profesor.

—Y con las redes sociales, donde todo se sabe, peor aún —agregó el *influencer*.

—Cumplir con lo prometido. No hay nada que decepcione más que las promesas que quedan en el olvido —dijo Sofía.

—Si acuerdas con el cliente que mañana tendrá el lápiz a las ocho, que así sea. Aprendan que la palabra de cada uno de ustedes vale, y mucho.

Maximiliano hizo como si enfundara su espada. Hacía referencia al código de honor de los antiguos caballeros donde los tratos se cerraban con un intercambio de palabras.

—No sé si tiene que ver con la confianza, para mí sí —comentó Mateo—. Ayudar es importante, nadie confía en quien le hace daño, hay que ser buenas personas.

—Ahí está el broche de oro —reforzó el profesor—. Cuando conoces a tu cliente, te pones en su lugar desde la empatía, eres honesto como vendedor, con un producto de calidad, pero lo más importante: te dispones a vender desde una actitud de ayudar al otro. Así tendrás la compra garantizada —agregó Maximiliano dejando salir su pasión por las ventas.

—Pero hay vendedores muy agresivos, a mí no me gustaría ser así —verbalizó Sofía.

—La estrategia la defines tú, tal como lo viviste en esta clase. Puedes salir al mercado con un producto o servicio que busca solucionar un problema o bien, tratar de imponerte sin considerar lo que tu cliente necesita.

—Ahí estaría la diferencia entre un buen vendedor y uno que invade —reflexionó Cristóbal.

—Elemental, mi querido Whatson —parafraseó Maximiliano simulando llevarse una pipa a su boca.

—Esto es mucho más difícil de lo que imaginaba —dijo Raimundo.

El alumno se rascaba la cabeza sin ver cómo podría aplicar todo aquello a la venta del software que pensaba desarrollar. Sintió la mano del profesor cuando la depositó en su hombro en señal de apoyo.

—¿Con cuántos lápices te quedaste? —le preguntó Maximiliano.

—Los vendí todos —dijo el alumno quien, al tomar en cuenta su logro, esbozó una sonrisa.

—Bueno, jóvenes, vamos terminando la clase. La tarea no puede ser otra que… —dejó la frase inconclusa esperando que los alumnos la terminaran por él.

—¡Vender! —respondieron a coro.

—Así es —El empresario aplaudió el entusiasmo demostrado—. Recuerden los pilares de la venta —señaló las frases que había escrito en la pizarra—: conocer al cliente, ayudar y generar confianza.

—Puedo usar Instagram. —Facundo pensaba en obtener ventaja de sus doscientos mil seguidores.

—¡Por supuesto!, las redes sociales son canales que te permiten llegar a tus potenciales compradores —agregó Maximiliano.

—¡A vender se ha dicho! —Cristóbal se levantó con la energía de quien anticipa su victoria.

—Recuerden que hay premio para el mejor vendedor.

El profesor se despidió de la clase mientras Carolina y Cristóbal se cruzaron en un duelo de miradas.

- Vender sin conocer a tu cliente es dar palos de ciego.
- Vender es ayudar.
- Puedes vender un producto o servicio que solucione un problema o tratar de imponer el producto o servicio que crees que solucionará problemas.

PARTE III
PUNTO CÚLMINE

¿DERECHA O IZQUIERDA?

Maximiliano se levantó del asiento. Apagó el computador y comenzó a alistarse. José Pablo, desde el escritorio ubicado al otro lado del ventanal, movió la cabeza en señal de desaprobación.

—¿A dónde vas? —preguntó.

—A buscar nuevos negocios.

—¿Cómo piensas en salir con todo lo que queda por hacer? —José Pablo mostró el cúmulo de papeles que tenía sobre su escritorio de vidrio.

—Para que haya trabajo tienen que haber clientes, y esa siempre ha sido mi función en esta empresa: conquistar nuevos mundos. —dijo Maximiliano mirando al horizonte, como quien deposita mucho más que su orgullo en el cierre de cada venta.

—Por supuesto, ábranle paso al conquistador —comentó José Pablo con ironía e hizo una reverencia—. ¿No ha pensado su alteza que ya es tiempo de quedarse en este poblado y comenzar a construir? No se hace patria saltando de montaña en montaña. Hay que levantar casas e iglesias.

—Bueno, esa es tu parte. Tú construyes los poblados mientras yo busco nuevas cimas para hacer crecer la empresa.

—¿Y si ya no quisiera más? —Se puso de pie para hacer notar su elección.

—¡Qué dices, JP! ¿Cómo no vas a querer que la empresa siga creciendo? Estamos surfeando en la cresta de la ola y quieres tirarte a tomar sol en la arena —Con incredulidad, movió su cabeza de un lado al otro—. Yo creo que lo que necesitas es tomarte unos días de vacaciones y contratar a alguien para que te ayude con tanto trabajo. ¡Que no lo puedes hacer todo tú, hombre! —Se colocó la bufanda al cuello, tomó su maletín y se despidió de su socio.

Maximiliano comenzó su aventura en busca de emociones intensas, como la mayoría de los jóvenes, alterando sus estados de consciencia con el alcohol. Aunque se había convertido en un gran catador de vino, solía darle sueño y se alejaba de las experiencias que buscaba. También experimentó con drogas en sus primeros años de universidad, que no le llevaron al estado de euforia prometida. Sin embargo, cuando comenzó a practicar deportes de aventuras, sintió la inyección de adrenalina directo a la vena.

Partió haciendo *rafting*. Un asado con los amigos en el Cajón del Maipo fue el inicio de esa hazaña. Luego participaban todos los años en una competencia estudiantil para descender el río Maipo. Ya habían logrado el tercer lugar, la meta era la presea de oro y para ello se habían preparado con ahínco. El tiempo que llevaban descendiendo ríos juntos les entregaba ventaja. Su comunicación captaba hasta las pequeñas señales que se transmitían y confiaban que el líder del equipo interpretara las turbulencias del agua para así dirigir la embarcación por los lugares adecuados.

Tomaron la delantera, venía el primer rápido y todo el equipo remaba coordinado esperando la instrucción del guía. Frente a ellos, en mitad del río, una gran roca que separaba las aguas. Esperaban la decisión del líder: derecha o izquierda, así sabrían quienes deberían seguir remando para darle dirección a la balsa.

—¿Derecha o izquierda? —gritó Maximiliano girándose para hacer reaccionar al vocero de la embarcación y que indicara qué camino debían seguir.

Un fuerte golpe reventó la embarcación e hizo volar a Maximiliano hacia las aguas del río, fue todo lo que se escuchó. El plástico quedó incrustado en la roca, tres de los navegantes chocaron directo con la piedra y pudieron sujetarse a ella para ascender hasta su punta. Estiraron sus remos para así rescatar a uno de sus compañeros que estaba cerca. A otro lo sacó del agua el líder de la balsa que venía en el segundo puesto, pero Maximiliano seguía siendo arrastrado río abajo.

El agua fría, proveniente de vertientes, calaba su cuerpo debajo del salvavidas. Se sentía como una pelota en juego de *pintball*, rebotando contra cosas duras que le golpeaban por distintas partes del cuerpo. Se aferraba al remo a sabiendas que era su salvación, tenía que lograr engancharlo para evitar que la corriente lo llevara en cualquier dirección. De no haber sido de los primeros, otra balsa lo hubiera rescatado.

Trataba de levantar la cabeza para visualizar una rama de la cual agarrarse. Estiraba el brazo usando el remo como su extensión, esperando que se enganchara de algo que lo sostuviera. Todo esto a ciegas, los chorros de agua que le llegaban a la cara le impedían abrir los ojos. Sin duda, estaba tragando más agua de la que necesitaba consumir en días, quizás en años.

Un tirón en su brazo derecho fue el indicador de que había enganchado el remo. Se aferró a aquel pedazo de madera, mientras el río empujaba el resto de su cuerpo corriente abajo. Intentaba mantenerse a flote, aún cuando aquel rápido no paraba de hundirle la cabeza en el agua, como si fuera el juego más divertido.

Entre bocanadas de aire pensó en darse vuelta. Quería hacer fuerza con el remo para impulsarse hacia la rama que lo afirmaba. Luchando contra una energía descomunal, logró su objetivo. Pero al voltearse, el poco espacio que había conquistado para tomar aire ya no estaba. Tenía la cabeza sumergida. En el casco sentía chorros de agua cayéndole a presión y hundiéndolo contra su voluntad. Trataba de hacer palanca para levantar un poco la cabeza y poder respirar.

—¿Cuánto resistiría? —No recordaba en ese momento cuál era el tiempo máximo que había logrado aguantar la respiración, aunque sentía que ya había pasado bastante desde la última vez que había oxigenado sus pulmones. Procuraba girarse a un lado y otro como pez que se retuerce cuando es enganchado por el anzuelo. Abría la boca buscando un poco de aire, pero solo conseguía tragar más líquido.

—¿Por qué demoraban tanto los de la segunda balsa? —Les habían sacado una gran ventaja, pero ya deberían haber llegado.

—¡No me la vas a ganar! —repetía para convencerse, aunque sus fuerzas comenzaban a flaquear y la desesperación aumentaba. Tenía que respirar a como diera lugar. Se negaba a morir así. ¿Por qué no llegaba nadie a rescatarlo?

Tiraba del remo, pero sus manos no respondían al movimiento que intentaba proyectar en aquel gesto. Solo escuchaba el ensordecedor ruido del agua por todos lados. Si tan solo pudiera darse vuelta de nuevo, un milímetro era todo lo que necesitaba tener fuera su boca. Pero el río parecía muy convencido en impedir que se volteara. ¿Derecha o izquierda?, su líder no pudo tomar una decisión y ahora estaba ahí, sin poder elegir y con todas las ganas de vivir.

Sintió cómo su cuerpo comenzaba a relajarse. Un mecanismo natural de supervivencia que ayudaba a consumir menos oxígeno. Se entregó a ese estado de paz interior. Perdió toda noción de lo que pasaba hasta que vio a un rescatista reanimándolo en la orilla.

Logró salvarse, pero no volvió a practicar *rafting*. Sólo de pensar en una corriente de agua se le cerraba la tráquea y dejaba de respirar. Esta sensación lo acompañó por varios años. Por eso, decidió lanzarse a los ríos empresariales. Le gustaba sortear los rápidos que día a día demandaba su emprendimiento. Descubrió, en el cierre de nuevos negocios, la experiencia más generadora de adrenalina que podría imaginar. Aunque para esas alturas, su socio no pensara lo mismo.

EMPRENDER ES SORPRENDER

Los estudiantes se agolpaban a la entrada de la sala 306. La puerta estaba cerrada. Tocaron, pero nadie respondió, aunque se escuchaban movimientos dentro.

—¡Vamos Maximiliano, ábrenos! —pidió Mateo.

—¡Sabemos que estás ahí! —reclamó Sergio, mientras fisgoneaba por las rendijas.

—Si no abres, soplaré, soplaré, y la puerta derribaré —dijo Facundo haciendo reír con su comentario a todo el grupo.

—Bueno, aún faltan unos minutos para que parta la clase. Tendremos que esperar —señaló con resignación Sofía.

Quince minutos pasada las nueve, apareció Maximiliano vestido como maestro de ceremonia. Con un traje azul brillante con líneas rojas y blancas a los lados, y un sombrero de copa dio la bienvenida a los estudiantes.

—¡Emprendedores y emprendedoras, maestros de la innovación! —vociferó el profesor. Por favor, pasen a esta celebración que he convocado para agasajarlos a ustedes, que han decidido iniciar esta desafiante y maravillosa aventura. Sírvanse una copa del elixir de los negocios para hacer un brindis —indicó a uno de los tres mozos que se paseaba con bandejas llenas de copas aflautadas con un líquido que burbujeaba.

Los alumnos entraban expectantes, tratando de anticipar el momento en el que aparecerían los otros personajes del *Cirque du Soleil*, o cuándo vendría el rector en persona a echarlos de la universidad por estar ingiriendo alcohol en la sala de clases. Pronto confirmaron que aquel espumante era sin alcohol, por lo que su estadía universitaria estaba salvada, por el momento.

—¿Qué es esto, Maximiliano? —preguntó Facundo.

—¿Dónde está la cámara? —dijo Carolina quien recorría la sala con la mirada buscando alguna pista.

—¿Acaso no puedo celebrar a los futuros empresarios de este país? —respondió con regocijo el profesor—. Alcemos las copas y hagamos un brindis por el espíritu emprendedor.

—¡Por el espíritu emprendedor! —respondieron a coro con entusiasmo.

—Los invito a deleitar sus paladares con unas delicias gastronómicas que empresarios, como ustedes serán algún día, han preparado.

Maximiliano dejó su copa sobre la mesa y dio un par de aplausos, señal que marcó el inicio del banquete. Sin más, la sala de clases se llenó de garzones que se pasearon con bandejas colmadas de canapés y bocados gourmet que hacían de aquel, el mejor de los eventos que se habían preparado en la casa estudiantil.

—Si hubiera sabido, no habría desayunado —comentó Raimundo mostrando parte del camarón con tocino que degustaba.

—¡Qué desayuno!, yo no hubiera comido desde ayer —agregó Sergio, quien había dejado la alimentación saludable postergada por la tentación de la banquetería.

El buen humor que inundaba el lugar solo era superado por la cantidad de comida que traían los mozos, quienes hacían bailar entre los estudiantes: camarones que parecían langostas, bandejas de mini pasteles franceses con una decoración tan apetitosa que hacía imposible elegir solo uno, vasitos de cebiche peruano rebosantes de leche de tigre, brochetas de pollo con salsa de maní al tradicional estilo tailandés, croquetas de jamón serrano, todo coronado con empanaditas de pino y sopaipillas con pebre, para dar el toque nacional a aquel festín que traía la cocina del mundo a la boca de los jóvenes universitarios.

—¿Les gustaría conocer a los empresarios que están detrás de estas maravillas gastronómicas? —preguntó Maximiliano sacando un mini napoleón de chocolate.

—¡Sí! —respondieron los alumnos.

—¡Recibamos a los cuatro magníficos! —anunció con entusiasmo el profesor y miró en dirección a la puerta.

Entre aplausos y vítores ingresaron a la sala cuatro personajes. De haberlos visto en la calle, de ninguno se hubiera sospechado el arte culinario que eran capaces de hacer. El primero en entrar fue el dueño del restaurante peruano El Rincón Limeño, quien contó que partió como ayudante del famoso chef Gastón Acurio; ya tenía su propia cadena de restaurantes para alegrar los paladares con el picor de su sazón.

—Y sí que picaba el cebiche —dijo soplando Sofía.

Luego comenzó a hablar una abuelita, de esas que inspiran cariño. Con voz suave, rememoró sus inicios vendiendo pan amasado en la carretera. Por eso, enfatizó diciendo, en su restaurante de comida chilena, lo primero que se sirve a los clientes es el pan recién horneado. Gracias a ese producto construyó todo lo que tiene hoy y pudo mandar a cuatro hijos a la universidad.

—Hasta hoy sigue trabajando en lo que le gusta, que es estar con las manos en la masa. ¡Qué ejemplo de mujer, mi querida Alicia Guzmán! —comentó Maximiliano con la voz entrecortada de la emoción. Sigamos con el conquistador de mundos —dijo cediéndole la palabra al siguiente invitado.

El turno fue de un empresario que aparentaba tener unos cuarenta años, quien luego de ser un viajero empedernido decidió poner su *delivery* de comidas del mundo. Comentó las dificultades que tuvo en los inicios. No le resultó fácil introducir nuevos sabores un tanto exóticos en el país, pero que gracias a las referencias y las alianzas que hizo con otros emprendedores sus ventas se dispararon. Eso sí, garantizó a todos que ninguno de sus platos tenía de ingrediente murciélago, por muy exótico que fuera. Los presentes rieron con su broma.

La última empresaria, una mujer con traje de dos piezas y actuar muy compuesto, relató que después de que el menor de sus hijos hubo terminado la universidad se dio el permiso de vivir de su pasión. Ya sin la presión de cuentas por pagar, renunció a su trabajo como gerente de un banco, donde había ejercido los últimos veinte años de su vida, y montó una empresa de eventos y banquetearía: Party Planner. Era feliz preparando las fiestas soñadas de las personas.

—¿Qué les parece? —preguntó Maximiliano.

—Un ejemplo —expresó Mateo.

—¡Qué maravilloso conocer a empresarios de verdad! —señaló Carolina.

Maximiliano se dio vuelta, mirando por encima de sus lentes a la estudiante haciendo notar su estirpe empresarial.

—Bueno, además de ti —corrigió un tanto avergonzada.

—Te disculpo solo porque estos invitados son ejemplos dignos de imitar en el mundo de los negocios —contestó el profesor—. Pero aprovechen que están acá para preguntarles lo que gusten.

—Yo tengo una pregunta —dijo Sofía dirigiéndose a la exejecutiva—. ¿Cuándo descubriste que organizar fiestas era tu pasión?

—Todo partió con los tecitos que preparaba en la casa de mi abuela con mis primas. Más tarde, comencé a organizar las fiestas sorpresa que me encargaban las amigas.

La empresaria se corrió un mechón de pelo que le caía en la cara y se arregló la chaqueta. Los estudiantes siguieron cada uno de sus gestos, en espera de que continuara con su relato.

—Es un talento que me fluye. Por años, prioricé la estabilidad económica que me ofrecía la banca. Me daba miedo arriesgarme, si hubiese sabido que iba a ganar tres veces más, no lo hubiese pensado tanto. Lo importante es lanzarse, no hay edad para explorar tus talentos y vivir de tus sueños. Aunque tengas cuarenta, cincuenta años o más. Vivir cada día haciendo lo que amas te rejuvenece —dijo mirando fijamente a cada uno, mientras con sus manos contorneaba coqueta su figura.

—¿Qué nos sugieren: estudios formales o aprender en la universidad de la vida? —preguntó Facundo a los empresarios.

El dueño del restaurante peruano avanzó unos pasos en dirección a los estudiantes.

—Los estudios formales orientados a la práctica son la mejor opción, así como lo están viviendo ustedes ahora. A emprender se aprende emprendiendo. Hay que seguir instruyéndose, rodearse de los que saben y absorber lo que más puedan de ellos. A veces incluso trabajar gratis. A lo mejor ustedes piensan que pierden de ganar, porque están regalando su tiempo, pero lo que se aprende al alero de esos mentores vale millones —señaló con orgullo el hombre de tez morena bueno para el picante en las comidas.

—Cuando iniciemos nuestro negocio, ¿es mejor que partamos con una empresa pequeña o que pensemos a nivel global? —preguntó Sergio.

—Sueña en grande, parte pequeño —respondió el trotamundos—. El tamaño que tendrán sus negocios y la escalabilidad, es decir, cuánto crecerán exponencialmente, es algo que deben definir en función de lo que a ustedes les hace sentir bien. Lo importante es que la empresa cumpla con sus expectativas, ya sea una pyme o una cadena de franquicias.

El empresario que había hecho de los viajes una estrategia empresarial caminó hacia los estudiantes. Se abrió un poco la chaqueta dejando ver la camiseta blanca que traía debajo con la imagen de un globo terráqueo y el eslogan: «Mi casa, mi mundo».

—Mi único consejo es que antes de aferrarse a una idea de negocios salgan a conocer el mundo, abran sus mentes y no paren de aprender. Internalicen nuevos estímulos, olores, sabores, porque en cada mirada, forma de hablar, vestimenta, siempre hay oportunidades de negocio. No hay que inventar la rueda, hay que estar abiertos a las oportunidades para tomarlas.

—Excelente sugerencia —acotó el profesor—. Lo pueden implementar en paralelo a sus estudios—. ¿Alguna otra pregunta?

—¿Algún consejo que nos puedan dar? —pidió Mateo.

—Mi mensaje para todos ustedes es que trabajen duro para alcanzar sus sueños —respondió Alicia—. El camino que están tomando es muy lindo, les permitirá cumplir las metas que se propongan. Mírenme a mí, mujer de campo, casada con un maestro de la construcción. He criado a cuatro hijos. Mi sueño era sacarlos adelante, que fueran profesionales, que tuvieran una casa donde no pasaran frío ni hambre, poder dejarles algo —dijo emocionada.

La sala rompió en aplausos. Maximiliano le ofreció un pañuelo para que secara las incipientes lágrimas que empezaban a correr por sus mejillas.

—Perdonen, con los años uno se va poniendo más sensible —agregó—. Como les decía, trabajen duro para que consigan todo lo que se propongan y nunca olviden ese primer producto que van a vender, ese por el que la gente les dará los primeros pesos. Porque después de esas primeras ventas, como en mi caso fue un canasto de pan amasado, comenzará su camino de empresarios.

Los aplausos emergieron con espontaneidad en respuesta al cariño de la abuela empresaria, como empezaron a llamarla los estudiantes.

—¡Qué grandes consejos! Ya les dije que eran los cuatro fantásticos, ¿cierto? —acotó Maximiliano.

—Así es, ¿cómo lograste que dejaran sus ajetreados días y vinieran hasta acá para compartir con nosotros? —preguntó Raimundo intrigado.

—¿Recuerdan el cubo de los activos? —Maximiliano rememoró lo aprendido unas clases atrás—. Los contactos valen oro. Denle un fuerte aplauso a Mauricio, mi colega de viajes.

—¡Bravo! —se escuchó decir en la sala de clases.

—Otro aplauso a mi querida Alicia, entrañable amiga de mi madre, a quien no dejo hablar mucho porque si no cuenta que me cambiaba el pañal.

El profesor se acercó con cariño a la abuela empresaria para darle un abrazo. Gesto que Alicia le devolvió y, a continuación, le pellizcó el cachete.

—A este chiquillo le conozco hasta el popó —dijo sacando sonrisas de ternura en los estudiantes.

—Todo el reconocimiento para Georgina. —Maximiliano señaló con cariño a la party planner— la primera ejecutiva de cuenta que tuve cuando inicié mi empresa. Georgina llegó a ser la gerente de la banca, pero nunca dejó de ser una gran amiga.

—¡Ídola! —gritó Carolina.

—Y, por último, un gran aplauso a mi cuñado Pé —comentó Maximiliano.

Como estrellas de rock, luego de dar un concierto, los empresarios se despidieron entre la ovación de los futuros emprendedores. Con toda generosidad, compartieron su tiempo, sus conocimientos y su gastronomía con los estudiantes que, cual esponjas, absorbieron sus enseñanzas.

—¡Qué increíble mañana nos has regalado! —dijo Sofía dirigiéndose al profesor.

—De lujo —agregó Facundo—, tanto la comida como las historias. ¡Motivación a la vena!

—Pues ya ven, jóvenes, siempre es posible agregar valor a las cosas que uno hace, en la casa, en la sala de clases o en sus emprendimientos. «No tengo dinero, no tengo tiempo», ¡son solo excusas! —enfatizó el empresario—. Así que… ¡tarea!

El profesor remarcó la palabra subiendo el tono de voz. Se dirigió a su escritorio mientras daba la última indicación a los estudiantes.

—Sorprender a una persona cercana: amigo, familiar. Hagan algo que creen que les va a gustar: una llamada, un abrazo, prepararles una comida, enviarles una tarjeta.

—Del banquete de hoy podemos sacar muy buenas ideas —intervino Carolina.

—Además —agregó el profesor—, deberán alegrar el día a un desconocido. Regalen un dulce a la persona que va al lado de ustedes en la locomoción colectiva, canten una canción en la calle, ayuden a la señora que carga sus compras. Marquen la diferencia. ¡A sorprender se ha dicho! Realicen su tarea y dejen huella en la vida de otras personas.

Esa mañana, Mateo se anticipó. Antes de que Maximiliano dejara los puntos claves de la clase pegados en el pizarrón, el alumno colocó unos post it. Quería compartir con sus compañeros las frases memorables que había anotado de la presentación de los cuatro fantásticos del emprendimiento.

- Cada día es una oportunidad para sorprender.
- Siempre es posible agregar valor a las cosas que uno hace en la casa, en la sala de clases o en sus emprendimientos.
- Sorprender a una persona es dejar una huella en su vida.

Las ventas de tu primer producto son las que darán inicio a tu camino como emprendedor.

Sal a conocer el mundo, en cada mirada, forma de hablar, vestimenta, hay oportunidades de negocio.

Lo que se aprende al alero de los grandes mentores vale millones.

No hay edad para explorar tus talentos, vivir cada día haciendo lo que amas te rejuvenece.

NO TODO SALE SEGÚN LO PLANIFICADO

Desde que se conocieron, Eloísa y Maximiliano habían deseado tener una familia numerosa. Ambos provenían de clanes que gozaban de reunirse todos a almorzar cada domingo y celebraciones numerosas, donde solo la lista de parientes bordeaba las cien personas.

Para su matrimonio, fiel ejemplo de ello, nunca consideraron menos de doscientos invitados; entre primos, tíos y sus acompañantes llenaban la iglesia. Y si a eso sumaban los amigos que cada uno aportaba, el cura tendría que ampliar la nave central.

Se habían proyectado con tres hijos, deseosos de tener dos niñas y un niño. Pensaban que cinco en una mesa ya harían bastante ruido. Gozaban imaginando cuando los niños se metieran en su cama para despertarlos, pasar el día escuchando las risas infantiles y terminar haciendo un asado al lado de la piscina.

Pero eran jóvenes con toda la vida por delante. Tras casarse, decidieron tomarse un tiempo para disfrutar como pareja. Lo que pensaron sería un par de años viajando y conociendo el mundo se convirtió en una década.

La decisión de tener hijos quedó relegada al lanzamiento de nuevos negocios de Importext, que absorbían el tiempo y energía de Maximiliano: «Esperemos un poco más, quiero hacer crecer la empresa para retirarme joven y dedicarme en pleno a ti y a los niños», eran las palabras que Eloísa escuchaba decir a su marido cada vez que hablaban del tema.

Fue la mujer quien puso límites, le aterraba que la confundieran con la abuela de sus hijos cuando asistiera a las reuniones de apoderados. Según la recomendación de los médicos, debían comenzar a intentar buscar la llegada de su futuro hijo y, si al año no le llamaban para conocer la probable fecha del parto, comenzarían los estudios.

Doce menstruaciones después fueron el indicador de que debían hacerse un control. En términos generales estaban bien, excepto por un pequeño detalle, esos peros que se guardan los médicos y que son los que más preocupación generan. Los niveles de estrógeno que producía Eloísa eran muy bajos, eso podía estar afectando la ovulación. Si seguían decayendo a ese ritmo darían paso a una menopausia precoz, según informó el ginecólogo.

A sus treinta y dos años, la mujer se sentía ajena a aquellos síntomas asociados a la vejez. Pero lo que más impactó a la pareja fue aquel diagnóstico que insinuaba el cierre a la posibilidad de ser padres.

Después de la consulta fueron a una cafetería cerca de la clínica para intentar decantar la noticia. Pasaron varios minutos sin hablar, temían decir algo que provocara un dolor mayor en aquel momento.

—Lo siento. —Maximiliano tomó la mano de Eloísa, intentando romper la muralla que aquella noticia había levantado entre ellos—. De saberlo, te juro que desde el primer día lo hubiéramos intentado.

—Tú no tienes la culpa. —Tomó un sorbo de café evitando conectarse con las emociones—. Soy yo la que tiene el problema.

—Nada de problemas, solo oportunidades. Ahora tenemos que aprovechar bien el tiempo. —Hizo un guiño coqueto a su mujer con el deseo de sembrar una luz de esperanza ante aquel incierto escenario.

Dos años duró la maratón contra los obstáculos que les imponía la biología. Durante ese período, hacer el amor se convirtió en la búsqueda de la mejor estrategia o posición para fecundar.

Eloísa, estoica, dejó que inocularan su cuerpo de hormonas y pinchazos, sentía que era el castigo que merecía por ser infértil, por no ser capaz de darle un hijo a su marido. Maximiliano, por su parte, aceptaba todos los envistes de su mujer, sin responder al mínimo de sus reclamos. La culpa le susurraba que se los había ganado por todas las veces que priorizó el negocio en lugar de hacer crecer su familia.

El matrimonio vivió muchas emociones, experiencias intensas, pero todas alejadas de la dicha que significa la búsqueda de su primer hijo. Tras veinticuatro pruebas de embarazo negativas, innumerables peleas entre ellos, y muchas lágrimas derramadas, volvieron donde el ginecólogo.

«Hicieron todo lo que pudieron, pero a veces Dios tiene preparadas otras opciones», fueron las palabras del especialista. Los exámenes confirmaban que los ovarios de Eloísa parecían un par de pasas secas. Imposible que reaccionaran a ninguna estimulación hormonal.

—Busquemos la opinión de otro profesional. —comentó Maximiliano que se resistía a aceptar aquel diagnóstico.

—Es el tercer médico que nos dice lo mismo —respondió la esposa sumida en un estado de culposa resignación.

—A lo mejor no han buscado bien, ¿y si vamos a Estados Unidos? Quizás encontremos allí una solución —le suplicó con la mirada.

—Podemos recorrer el mundo, pero este cuerpo inservible será el mismo en cualquier lugar. —Eloísa señaló su vientre con desprecio y rompió en llanto.

—No digas eso —dijo y se acercó intentando cobijar entre sus brazos aquel intenso dolor—. ¡Tú eres perfecta!, ¿me escuchas? —Entre besos repetía, con el deseo que aquellas palabras quedaran impregnadas en la piel de su mujer.

Aquella noche se abrazaron, entendiendo que solo se tenían el uno al otro. Lloraron juntos por los hijos que no vendrían, por esa familia que habían soñado y que ya no se haría realidad.

EMPRENDER ES TRABAJAR... EN EQUIPO Y BAJO PRESIÓN

Los estudiantes escuchaban con atención las instrucciones del jefe de sala, poco sabían de aquel lugar. «La próxima clase la realizaremos en un escenario distinto», era todo lo que había anticipado Maximiliano, junto con enviarles una dirección.

La curiosidad no les permitió esperar una semana. Gracias a Google maps los estudiantes descubrieron que irían a una sala de escape. Ahí estaba el grupo de universitarios, ansiosos de empezar la aventura.

—Deben dejar todas sus pertenencias en estos casilleros, incluyendo el celular — explicó el encargado, un joven de la misma edad de los visitantes.

—Imposible estar sin mi celular. —Facundo se aferró al aparato tecnológico.

—Está prohibido ingresar con teléfonos, hay personas que se ven tentadas a buscar información para resolver los enigmas o sacar fotos del lugar —reiteró señalando el lugar de almacenaje para que dejaran sus pertenencias.

A regañadientes, los estudiantes aceptaron. Guardaron sus mochilas en los casilleros y se dispusieron a escuchar las instrucciones de aquel juego.

—Ahora, les voy a pedir que se pongan en parejas. Profesor, ¿usted también participará? —preguntó mirando a Maximiliano.

—Por supuesto —respondió con el entusiasmo de niño frente a juguete nuevo.

—Entonces, pase por acá —le pidió colocándolo primero en la fila al lado de Sergio.

—¡Qué miedo! —comentó Sofía.
—Bienvenidos a «Escape Room» —inició su discurso el anfitrión—. Las salas de escape son habitaciones temáticas de las que deberán escapar resolviendo acertijos que irán encontrando.

El anfitrión explicó el procedimiento desde un angosto pasillo que tenía varias salas a ambos lados.

—Ingresarán por esta puerta —señaló la entrada que tenía a su izquierda—. Tendrán sesenta minutos para resolver el enigma. Tras descifrar todas las pistas, hallarán la clave que abre la combinación que los dejará en libertad —comentó indicando la salida que tenía a su espalda.

—¿Y si no resolvemos los acertijos? —El nerviosismo delató a Mateo.

—Te quedarás encerrado conmigo para toda la eternidad —respondió Facundo abrazándole a la fuerza.

—Si transcurrido el tiempo no logran resolver los secretos que esconden estas paredes, la puerta se abrirá.

El joven que tenía una camiseta con el logo de la empresa grabado imprimió un toque de suspenso a sus palabras. La reacción de los jóvenes no se hizo esperar, mostraban su nerviosismo ante el escenario incierto que les aguardaba.

—Pero no creo que quieran ser recordados como el grupo de estudiantes que no pudo salir de la sala —agregó el guía.

—Antes muertos —Sergio dejó aflorar todo su espíritu competitivo.

—Importante: en caso de que alguno se sienta mal, encontrarán un botón rojo que les permitirá salir de inmediato de la sala, pero no podrán volver a ingresar. ¿Entendido?

—Parece que me estoy arrepintiendo —dijo Carolina refugiándose en Cristóbal.

—Ahora que ya conocen las reglas del juego, lamento decirles que van directos a la cárcel.

El encargado sacó unas esposas y unió con ellas a los alumnos en parejas.

—¡Escóndanme, que vienen por mí! —gritó un alumno del final del grupo.

—Todos ustedes han sido condenados injustamente por un crimen que no cometieron y serán ejecutados: con la pena de muerte —enfatizó.

Aquella frase caló profundo en los estudiantes. Ni en broma querían verse encerrados.

—El alguacil que custodia la celda preparará la silla eléctrica para su ejecución. Estarán una hora sin custodia oficial, tiempo que pueden aprovechar para escapar.

—¡Esto está de miedo! —A Sofía se le pusieron los pelos de punta.

—Es una misión casi imposible, solo una persona ha logrado escapar de esta celda, el famoso asesino de estudiantes, Theodore Bundy.

—Hasta aquí llegamos. —Mateo esbozó una risa nerviosa.

—Por suerte para ustedes, Theodore dejó algunas pistas para que encuentren la forma de salir —prosiguió el encargado mientras abría la puerta e inducía a los estudiantes a que entraran a la celda—. Los ocho primeros convictos pasen a la celda número uno, sus sesenta minutos para salvarse de la pena de muerte comienzan ya.

El primer grupo de estudiantes ingresó en la sala que se encontraba al inicio del pasillo. Una pesada estructura de metal se cerró tras su paso.

Los nuevos presidiarios comenzaron a analizar el lugar. A su derecha divisaron una cama, sobre la que había tirado un saco roto, un libro y un traje naranja con números negros en su espalda. Facundo enseguida se colocó el traje de presidiario para posicionarse de su nuevo rol.

La única decoración del lugar, un pequeño velador y paredes grises con rayados ininteligibles. A la izquierda, un minúsculo baño sin puerta donde los reclusos de seguro podían tomar una ducha y hacer sus necesidades al mismo tiempo.

Una gran reja de barrotes separaba la celda de la oficina administrativa donde se veía un escritorio con estantes llenos de libros y archivadores. Un ventilador que apuntaba directo a una silla, de quien pudo en su día estar escribiendo en la máquina de escribir, soplaba aire al vacío.

Al lado de la puerta que les conduciría a la salida, una pantalla digital les pedía los números de una combinación secreta para dejarlos salir. Antes, debían hallar la forma de pasar de la celda a la oficina para digitar esos números. Un gran reloj en la pared, detrás del escritorio, les indicaba que ya habían transcurrido dos minutos.

—¡Tenemos que organizarnos! —exclamó Sergio intentando poner orden en el caos de parejas esposadas, que se movían de un lado a otro buscando algo, sin saber qué.

—Buena idea. —Raimundo se paró a su lado en espera de la siguiente instrucción.

—Dividámonos y comencemos a buscar pistas —continuó asumiendo el liderazgo del grupo.

—Nosotros revisaremos el baño. —Sofía y Raimundo se dirigieron hacia aquel lugar.

—Buscaremos con Facundo en el velador, está lleno de candados —agregó Mateo arrastrando a su compañero de esposas.

—Cristóbal y yo nos encargaremos de la zona de la cama —afirmó Carolina levantando el delgado colchón que no alcanzaba a ser de una plaza.

—¡Ok! —dijo Sergio—. Veremos con Maximiliano estos acertijos que están en las paredes.

Una pared de cemento mostraba unas figuras y unos números sin sentido. Cuánto tiempo y esfuerzo debió llevarle al antiguo presidiario tallar esos jeroglíficos.

—Si alguien encuentra una clave de tres números, me avisa —dijo Sofía mientras forcejeaba con un candado que custodiaba un pequeño mueble con espejo del baño.

—Yo necesito una combinación de tres letras —agregó Cristóbal.

—¡Encontré unas llaves! —gritó Facundo.

Como abejas atraídas por la miel, todos se acercaron al lugar indicado por su compañero. Las llaves estaban colgadas en la pared, al otro lado de los barrotes, en la zona de la oficina. Alejadas del alcance de sus brazos, necesitaban algo que les ayudara a desengancharlas.

—El cepillo de dientes. —Raimundo fue corriendo a buscarlo.

—Sergio, inténtalo tú que tienes los brazos más largos —dijo pasándole el desgastado cepillo.

—Un poco más —instaba el grupo, pero la cara del compañero ya estaba incrustada en los barrotes.

—Debemos buscar algo que sirva para alargar, un alambre un palo, ¡algo! —comentó Maximiliano buscando en la celda.

—¿Y si usamos el libro como pinza? —propuso Mateo.

Todos fueron a buscar el libro que pasaron a Sergio, quien afirmó el cepillo de dientes como cangrejo y al tercer movimiento, sacó el manojo del clavo que las sujetaba. Un grito de euforia grupal recibió como refuerzo.

—Probemos a qué candados le sirven —dijo levantando las tres llaves afirmadas de un alambre en señal del primer triunfo.

Lograron abrir uno de los cajones donde encontraron una tarjeta con dos números. Los estudiantes iban a seguir de inmediato la pista para dilucidar un nuevo acertijo cuando escucharon por los altoparlantes.

—¿Ya tienen las llaves? —preguntó una voz en *off*.

—¡Sí! —respondieron a coro.

—Entonces, ¿por qué siguen esposados?

La carcajada grupal se apoderó de la cárcel. Estaban tan ensimismados en seguir las pistas que habían pasado por alto que una de las llaves les podría servir para liberarse de su compañero.

Con mayor holgura para movilizarse, descubrieron palabras al unir letras marcadas en el libro y la solución del algoritmo que planteaban las imágenes en la pared. Estos hallazgos los llevaron hasta un botón escondido en la repisa del baño, al apretarlo abría una pequeña puerta que les daba el acceso a la oficina.

Gritos de júbilo traspasaron los muros. Una victoria ganada… pero no la guerra. Por lo que debieron concentrarse nuevamente en el trabajo de detectives.

—Queda poco tiempo. —Mateo señaló los veintitrés minutos restantes.

—Hay que apurarse si queremos salir vivos —lloriqueó Facundo.

—Sigamos buscando, aquí deben de estar las tarjetas que faltan para armar el rompecabezas —agregó Carolina.

—¿Y las tarjetas? —preguntó Maximiliano.

—Tú las tenías. —Sofía señaló de inmediato a Mateo.

—Sí, pero se las pasé a Raimundo cuando estábamos buscando los códigos en el libro —se excusó.

—Yo no las tengo —respondió el joven levantando sus manos—, las pusimos sobre la cama para ordenarlas.

Sergio salió corriendo a buscarlas. Pronto se dio cuenta de que la pequeña puerta que les había dado el acceso de la celda a la oficina se había cerrado tras su paso.

—¡No puede ser!

—¿Qué pasó? —preguntaron a coro.

—¡La puerta está cerrada! —Sergio mostró el pequeño pasadizo a la celda.

—¿Cómo son tan tontos? —recriminó Cristóbal.

—¡La culpa es tuya! —Facundo señaló a Raimundo—. Tú estabas a cargo de las tarjetas.

—Que yo sepa, a mí nadie me eligió para ese cargo, a lo mejor si te preocuparas más de ayudar en lugar de estar de payaso —se defendió Raimundo.

—Así que ahora quieres tirarme el muerto a mí. —Facundo se acercó a su compañero en señal amenazante.

Los ánimos se tensaron. El encierro, la presión del tiempo que no daba tregua y la frustración, convirtieron aquel lugar en una olla de presión, sin cabida para los errores.

—¡Paren! —gritó Sergio frenando la discusión.

—Chicos, nos quedan dieciséis minutos —alertó Mateo frotándose las manos.

—Y todo por culpa de... —Facundo no alcanzó a terminar de hablar.

—Aquí no hay culpa de nadie. —Sergio se dirigió al grupo con la fuerza y claridad que había adquirido con sus años como guía de *scout*. —¿No se dan cuenta? Somos un equipo, salimos o fracasamos todos. Así que a concentrarse y a encontrar algún indicio que nos ayude a escapar de esta celda.

Los estudiantes se desperdigaron por la oficina de paredes amarillas. Sin olfato de investigadores, pero con las ganas de recuperar su libertad, husmearon por todos los rincones del lugar.

—Revisen hasta debajo de los muebles —indicó el líder del equipo.

—Aquí hay una inscripción de nacimiento. —Sofía mostró un papel que sacó de la máquina de escribir—. Prueben con este número para las combinaciones de los candados: 1969.
—¡Ha abierto uno! —gritó Maximiliano—. Encontré una tarjeta.
—Otro triángulo con raya.
Mateo miró aquel símbolo tratando de descubrir la ecuación matemática que lo solucionara. Dos triángulos hacia arriba y otros dos apuntando hacia abajo, dos con raya y dos sin raya.
—No son figuras geométricas. —Carolina corrió al encuentro de Mateo para ver la tarjeta—. Simbolizan los elementos de la naturaleza, y éste representa al aire.
—¡El ventilador! —gritaron a coro los jóvenes.
De inmediato, Facundo fue a detener el aparato que pensaron que estaba allí para evitar que murieran de calor antes de ser ejecutados. En las aspas metálicas descubrieron unas inscripciones.
—¡Vamos, faltan solo siete minutos! —vociferó Cristóbal.
—¡Queda sólo un candado por abrir, necesitamos una llave pequeña! —exclamó histérica Sofía.
—La llave de las esposas debería de servir —comentó Raimundo evaluando el tamaño del candado—. ¿Alguien trajo las llaves?
—¡Aquí están! —exclamó Sergio sacando de su bolsillo el alambre del cual colgaban.
—¡Sí!
La alegría por este nuevo triunfo se hizo presente en la oficina. Al interior de la cajonera, dos tarjetas con las letras: A y H. Facundo mostró los hallazgos al grupo.
—¿Letras? Pero la clave para salir es de seis números —dijo Sofía decepcionada.
—Cuatro minutos —alertó Mateo.
—Hay que cambiar las letras por números. —Sergio contó con los dedos de su mano—. La A es uno, la H es ocho.
—Eso, uno y ocho. —Sofía aplaudió emocionada el descubrimiento de su compañero.
—Pero faltan cuatro números —agregó Raimundo.
—1969 —mostró Carolina.

—Puede ser la fecha de su nacimiento —sugirió Mateo.
—1 de agosto de 1969 —completó Cristóbal.
—Prueba esos números —pidió Facundo.

Los alumnos rodeaban a su líder transmitiéndoles sus energías para que todo el esfuerzo hecho en conjunto tuviera sus frutos al apretar: Aceptar.

—Uno, ocho, uno, nueve, seis, nueve, ¿listos? —preguntó Sergio antes de marcar el botón que desactivaba la combinación.

La puerta se mantuvo intacta. Un quejido cargado de desilusión inundó el lugar.

—Prueba al revés —sugirió Mateo.
—8 de enero de 1969, espero que hayas nacido ese día —dijo Sergio mientras digitaba los números.

Sofía comenzó a rezar mientras Carolina se aferraba al brazo de Mateo. Los otros tres hombres se abrazaron, rodeando a Sergio como un bastión protector.

La euforia expresada en su total magnitud brotó de los ex convictos, quienes impulsados por la adrenalina de la supervivencia salieron de la sala de escape. Una seguidilla de abrazos y felicitaciones daban cuenta que, por lo menos aquel grupo se había salvado de la pena de muerte.

Tiempo restante: un minuto y treinta y tres segundos.

- Hasta en los lugares más inhóspitos hay oportunidades de crecimiento.
- Las piezas de un rompecabezas por separado no dicen nada, pero juntas aportan todas las respuestas.
- Trabajando en equipo puedes salvarte hasta de la pena de muerte.

DIFERENCIAS

El gerente de operaciones se acercó a Maximiliano luego de la reunión, solicitándole con el gesto de la mano unos minutos de su tiempo. Esperaron a que todos salieran de la sala para conversar en privado.

—Cuéntame, Ricardo, ¿en qué te puedo ayudar? —preguntó el dueño de la empresa.

—Maximiliano, bien sabes que no soy de los que se anda quejando —se excusó por anticipado.

—Por supuesto. Si hay alguien en esta empresa que sale de la queja y los problemas para entregar soluciones eres tú. ¿Qué es lo que pasa?

—La situación con José Pablo está muy difícil. He hablado de este tema con él varias veces, pero no hace caso. No me deja trabajar, todo el día encima de mí revisando cada cosa que hago. ¡Me va a volver loco! —El jefe de operaciones se desahogó con desesperación.

—Tranquilo, tranquilo —intentó calmarlo Maximiliano bajando el tono de su voz—. ¿Desde cuándo pasa esto?

—Bueno, al jefe siempre le ha gustado estar al pendiente de todo, y está bien, yo lo entiendo, este es su negocio. Pero últimamente se mete hasta en las decisiones chicas.

Hizo una pausa. No sabía si entrar en detalles dando ejemplos. A fin de cuentas, estaba hablando mal de su socio y mejor amigo. Se soltó un poco el cuello de la camisa.

—Ricardo, entiendo que es una situación compleja, pero tú sabes cuál es nuestra premisa: los problemas se detectan, se comunican y se solucionan, ¿o no?

—El otro día tuvimos detenido un cargamento tres horas porque él quería revisarlo personalmente. ¡Tres horas!, ¿te imaginas lo que significó eso para la cadena logística?

—¿Y qué explicación les dio?

—Que era un proveedor nuevo y quería conocer la calidad, pero es el mismo con el que trabajamos hace año. Yo creo que está desconfiando de mí y de mi equipo. Si hay algo que no les parece bien, pueden decírmelo —increpó con la mirada.

—¿Cómo vamos a desconfiar de ti? El corazón de este negocio está en el área de operaciones, nadie como tú para que todo funcione a las mil maravillas.

—Entonces, no entiendo. —Se llevó las manos a la cabeza con desesperación—. Me desacredita delante de mi gente, las decisiones que tomo las tira para atrás. Ya no sé qué hacer —su voz se quebró.

Maximiliano y José Pablo se conocían de toda la vida. Habían compartido trabajos escolares, campeonatos deportivos, fiestas universitarias, vacaciones. Eran conscientes de todos sus talentos y sabían, solo de mirarse, cuándo se habían levantado con el pie izquierdo. Por eso, al iniciar la empresa, les resultó bastante sencillo dividirse las funciones.

La excelente percepción de los detalles y la orientación a la ejecución, eran competencias que hacían de José Pablo el candidato ideal para el área de operaciones, logística y control de calidad. Mientras que la personalidad extrovertida y sentido comercial que desde niño tenía Maximiliano, lo llevaron a asumir las tareas de ventas y la relación con clientes internos y externos. Así dividían su día a día en Importext.

Además, reservaban un par de horas a la semana para las reuniones que dedicaban a dibujar el futuro de la empresa y a planificar los pasos a seguir para conseguir sus objetivos. Aquellos espacios mostraban sus personalidades casi contrapuestas. Maximiliano visualizaba los nuevos horizontes a conquistar, José Pablo iba poniendo los frenos a aquellas ideas, anticipando los posibles riesgos y calculando los costos.

Esas diferencias permitieron que, a pasos agigantados pero seguros, la empresa alcanzara el sitial que tenían en el mercado con un crecimiento exponencial en sus primeros trece años de vida. Sin embargo, había una objeción que los socios no conseguían salvar y que durante el último período les generó más de una discusión. Tenían distintos estilos de orientación a la tarea.

—¡Estoy harto de que me trates como un empleado más! —gritó José Pablo llevando a otro nivel aquella discusión.

—Aquí el único que se considera un empleado eres tú —respondió Maximiliano.

—Si empleado le llamas a quien se encarga de todo en la empresa, a mucha honra.

—No te hagas el indispensable. —Se le acercó con tono desafiante—. Eres un controlador de mierda, por eso necesitas meter tus narices en todo.

—Por supuesto, el líder del siglo XXI, que motiva a su equipo, ha hablado. —José Pablo reiteró su desacuerdo por la forma en la que su socio se relacionaba con el personal—. ¿En qué mundo vives? Para que las cosas funcionen y se hagan bien, hay que estar encima.

—Claro que hay que estar presente, pero no hacerse cargo de todo. Tienes que confiar en las personas, que no todos somos unos desgraciados como tu padre. —La rabia sacó aquella cruda verdad sin que Maximiliano pudiera ponerle filtro.

—El único desgraciado aquí eres tú. No estoy dispuesto a seguir trabajando con alguien que está más preocupado por su apariencia que por el despacho de los productos.

—Pues la puerta es bien grande. Nadie te retiene —respondió Maximiliano.

José Pablo se fue dando un portazo.

—Imbécil —dijo con la mandíbula apretada mientras caminaba por el estacionamiento en dirección a su auto—. Cree que por ir a conversar con los clientes hace un gran esfuerzo. Trae un par de cuentas nuevas y en seguida se va a comprar cosas de marca, pero quien se lleva todo el trabajo soy yo.

José Pablo pegaba puñetazos al volante de su auto para descargar la furia que le quemaba el brazo, aunque hubiese preferido dirigir los golpes a la cara de su socio.

Maximiliano era testigo de cómo su padre, luego de treinta y cuatro años como empresario, seguía siendo un auto empleado del negocio. Siempre con problemas para tomarse vacaciones o abandonar sus tareas. Su ausencia implicaba que las cosas dejaran de funcionar como correspondía. Por eso se propuso construir una empresa basada en sistemas, donde se transmitieran todos los conocimientos y se empoderara al equipo. No quería que Importext dependiese de él ni de ninguna otra persona.

En cuanto la empresa comenzó a generar ganancias, conformó y capacitó un equipo de ventas traspasándoles todo su conocimiento. Luego delegó a una agencia las labores de promoción y marketing, asumiendo que había personas especialistas para cada área. «Delegar para crecer» era su filosofía empresarial.

Para José Pablo, «al ojo del amo engorda el caballo», así que era el primero en llegar y el último en irse. Eso le permitía controlar desde el inicio de la jornada todo el proceso productivo. Sabía quiénes eran los trabajadores que se atrasaban y quienes cumplían a cabalidad su horario. Estaba atento que les llegara la mercadería a los clientes en fecha, de responder a los reclamos, de que se les cobrase la factura. La operación de una empresa debía funcionar con la exactitud de un reloj suizo. En busca de aquella perfección, se esmeraba día a día.

La logística interna de Importext funcionaba bien. Maximiliano agradecía que fuese JP quien se hiciera cargo de aquellas gestiones en las que él prefería no estar. Le gustaba tener mayor libertad para buscar y generar nuevos negocios.

Por otro lado, la micro gestión absorbía todo el tiempo de José Pablo, quien siempre tenía trabajo pendiente. Esta situación lo mantenía en un permanente estado de agotamiento y estrés. Maximiliano intentó que delegase, por lo menos, algunas de las funciones que realizaba para evitar aquella sobrecarga laboral. Pero a su socio le resultaba muy difícil ceder el control a un tercero. Sentía que cualquiera que no fuera él descuidaría la empresa que con tanto esfuerzo habían construido.

—José Pablo está insoportable —se quejaba Maximiliano por teléfono con su esposa tras la acalorada discusión—. Ya no se puede hablar con él.

— Deberían buscar algún mediador, alguien que les ayude a llegar a acuerdos —sugirió Eloísa.

—Ojalá acepte esa idea, porque últimamente todo lo que sugiero lo rechaza de plano.

—Los dos están bajo mucha presión. Ten paciencia —respondió con cariño.

—Sí, el estrés nos puede estar jugando una mala pasada. Regresando de las vacaciones, le propondré que nos asesoremos por un directorio, así siempre habrá personas objetivas que nos ayuden a tomar las mejores decisiones para la empresa. —Maximiliano se sentía más aliviado con aquella solución en perspectiva.

—Buena idea —reconoció Eloísa—. Una amistad como la de ustedes no puede quebrarse por temas de trabajo.

—Así es. Gracias por escucharme, mi amor.

—Para eso estamos; y no te demores, que el Caribe nos espera —se despidió Eloísa.

EMPRENDER ES DISFRUTAR

Maximiliano ingresó a la sala de clases con un vaso de jugo natural, en reemplazo de su tradicional *caramel macchiato skinny*. Lo que más extrañeza causó a los alumnos fue verlo con bermudas y camiseta de manga corta en reemplazo de sus pantalones de genero y camisas de marca. Estilo de vestir que usaba para proyectar ese aire casual, pero dejando en claro su estatus.

—Buenos días, jóvenes.

—¿Vamos a la playa? —preguntó Carolina, que no pudo evitar la tentación de cantar la pegajosa melodía que fue coreada por sus compañeros.

—¿Notaron qué hermoso está el día? —se limitó a responder el profesor mientras colocaba el vaso de jugo sobre el escritorio.

—¿Acaso nos vamos de picnic? —anticipó Cristóbal.

—Nada de eso, que no tienen permiso de sus papis para salir de la universidad —respondió con ironía el profesor—, pero eso no quiere decir que haya que pasarlo mal —agregó colocando toques de malicia en su tono de voz, lo que de inmediato fue percibido por los estudiantes.

—A ver, ¿cuál es tu propuesta? —Sergio asumió la vocería del grupo.

—Durante este período, todos han trabajado con dedicación. El compromiso del curso ha sido increíble. No me cabe duda de que han aprendido muchísimo.

El profesor se acercó a los estudiantes. Reconocía el esfuerzo realizado por sus pupilos, quienes se sentían cada vez más valorados.

—Han dado lo mejor de cada uno para aprender todas las aristas de lo que significa emprender. Por eso, y siguiendo mi máxima de vida, después del esfuerzo viene el refuerzo.

—¡A disfrutar! —exclamó Facundo.

—Tenemos una hora y treinta… bueno, y veintiséis minutos —se corrigió mirando el reloj—. Lo pongo a su disposición para lo que quieran hacer, la única regla es que lo pasemos bien y participemos todos.

Maximiliano dio un sorbo a su zumo de naranja y zanahoria y guardó silencio. Esperaba que fuesen los alumnos quienes tomaran las riendas de la clase, decidiendo cómo querían aprovechar ese tiempo tan valioso que les regalaban.

—¿Podemos elegir lo que queramos hacer? —preguntó Mateo con incredulidad.

—¿Cómo nos vamos a recompensar hoy? —fue la respuesta del profesor que pretendía incitar a los estudiantes a buscar sus propias fuentes de gratificación.

—Podrían regalarme una camioneta. —Sergio se imaginaba en medio de *rallys* compitiendo con su todo terreno.

—Yo, con un viaje a la India soy feliz. —Era el sueño de Carolina desde que comenzó a practicar yoga.

—Ustedes saben lo que pienso de los sueños. Por mí no hay problema. — Maximiliano iba anotando las propuestas de los jóvenes en la pizarra.

—La idea es encontrar una actividad que podamos hacer durante este tiempo —intervino Mateo.

El estudiante intentaba colocar un poco de objetividad al proceso. Estaba de acuerdo con los sueños que comenzaban a proliferar, pero su criterio de realidad le confirmaba que en una hora y sin dinero, no había opción para viajes y autos. Su comentario ganó adeptos de inmediato.

—Podríamos hacer alguna dinámica entretenida, como esas que hacen en los talleres —sugirió Sofía.

—Como conversar para conocernos un poco más —agregó Cristóbal.

—Eso, ya van saliendo ideas. A ver, ¿qué más? —El profesor continuaba motivándolos—. ¿O acaso es el viejo el que tiene que acarrear a los jóvenes a la diversión?

—A ver, «googleemos» —sugirió Raimundo abriendo el buscador en su celular.

—¿No es curioso? La vida les está regalando tiempo y, sin embargo, lo están perdiendo. No saben cómo aprovecharlo.

Maximiliano dejó la pregunta abierta para llegar al meollo del tema que quería tratar en la clase de aquel día. Durante el curso, había transmitido a los estudiantes todo lo que debían hacer o evitar al momento de emprender. Disfrutar del proceso era uno de los puntos importantes.

—Es que nos has pillado de sorpresa —respondió Sofía.

—No veníamos preparados —se justificó Facundo. El estudiante quería mantener su imagen del chico más divertido de la universidad.

—¿Preparados?, ¿acaso hay que pedir un permiso notarial para pasarlo bien?

Los cuestionamientos del profesor buscaban que los estudiantes apagaran el piloto automático centrado en el «deber ser».

—Tienes razón —afirmó Carolina—. La puerta que nos lleva a la felicidad, al equilibrio físico, mental y emocional es concentrarnos en el aquí y el ahora. —Los años de práctica de meditación resonaron en el interior de la estudiante.

—Todo el tiempo añoramos disfrutar de nuestros logros y luego ponemos tantas condiciones para aprovechar esos momentos que pareciera que nunca es suficiente —reflexionó Cristóbal.

—¿Cuántos de ustedes despertaron con la intención de tener un buen día y agradecieron por todas las cosas buenas que la vida les regala?

Los estudiantes quedaron pensando. La máquina de lo cotidiano los consumía. Pasaban por alto cosas sencillas pero importantes. Ciertamente, debían sentirse agradecidos por poder asistir a la universidad, tener los recursos para pagar los estudios, estar sacando adelante una idea de negocios, gozar de buena salud y rodeados de amigos.

—Esto no puede ser —intervino Sergio—. Siempre me he considerado una persona vital y optimista, me niego a que la vida pase frente a mis ojos como si estuviera viendo mi propio *reality* en la televisión. No voy a desaprovechar un año, ni un mes, ni siquiera una hora.

—Te apoyo, Sergio. —Facundo hizo relucir su sonrisa y la energía que le caracterizaba cuando se disponía a organizar una fiesta.

—¿Qué les parece si partimos cada uno haciendo un listado de las cosas que nos gusta hacer? —sugirió Mateo.

—¡Buena idea! —respondió entusiasmada Sofía.

—Podemos ir colocando las propuestas en diferentes categorías, desde cosas grandes hasta actividades pequeñas —agregó un estudiante.

—Entonces, ¡manos a la obra! Hagamos todos nuestra lista de diversión. —Sergio comenzó a repartir hojas en blanco a sus compañeros—. ¿Tú también, Maximiliano?

—Por supuesto, me parece una idea brillante. Así tendré muchas opciones a la mano para disfrutar cada minuto de mi tiempo.

Los lápices fluían con la tarea encomendada generando una lluvia de ideas para la diversión. Sonrisas reflejadas en los rostros de los alumnos permitían anticipar que más de un proyecto entretenido se estaba gestando en sus cabezas.

—Bueno, y ahora, ¿qué hacemos? —preguntó Sofía mostrando su hoja casi llena.

—Podemos compartir las ideas que se nos han ocurrido —sugirió Cristóbal.

—Yo puedo preparar un documento compartido donde cada uno anote sus ideas para que así las tengamos todas —dijo Mateo mientras abría su *laptop*.

—¡Muy bien, Mateo! —respondieron sus compañeros entusiasmados.

—Podrías añadirle al documento tres categorías, así iremos colocando las opciones según el tiempo del que dispongamos para hacerlas; por ejemplo, cosas que son a largo plazo como recorrer el mundo. —Se escuchó decir desde el fondo de la sala.

—Y otra columna donde agregar actividades que se puedan hacer en el cotidiano —agregó Carolina.

—Dejen una para las micro ideas —intervino Sofía—. Algunas veces tenemos solo diez minutos entre una clase y otra que también se pueden aprovechar para, por ejemplo, tomarse un café, conversar con los amigos, escuchar una canción.

—Como las pausas saludables que hacen en las empresas —agregó Sergio—. Incluso se podrían realizar estiramientos, ejercicios de relajación, para que el cuerpo también descanse.

El documento compartido comenzó a llenarse de ideas: cantar, hacer *trekking*, ver series, un almuerzo familiar, juntarse con amigos, bailar, cocinar, descargar un juego en el celular. Los alumnos, alrededor de Mateo, compartían sin pausa sus propuestas, mientras su compañero no paraba de escribir todo lo que le decían. Cada vez se entusiasmaban más en esta tarea de generar su portafolio de actividades para pasarlo bien.

—Atesoren este momento, muchachos —intervino Maximiliano—. Disfruten del proceso. No es necesario esperar hasta alcanzar el objetivo final para celebrar. Cuando se disfruta el camino es más probable que se alcance la meta.

—Al final, se nos ha ido el tiempo en planificar y no hemos hecho nada —comentó de pronto Sergio, con un tono de voz decepcionado.

—Bueno, para la próxima vez tendremos muchas ideas —respondió Sofía mostrando el documento que en conjunto habían generado.

—Nos quedan quince minutos aún. Algo podremos hacer —sugirió Facundo.

—Veamos las ideas que llevan poco tiempo. —Mateo revisaba el listado.

—Ahora el problema será cuál elegimos, estuvimos muy productivos hoy —. Carolina se sentía orgullosa de la labor que había realizado junto a sus compañeros.

Raimundo no estaba dispuesto a esperar un minuto más. Sincronizó su celular con el sistema de audio de la clase y pulsó *play* a la lista de canciones que tenía preparada, para cuando lo contrataban como DJ en las bodas. Esa mezcla musical siempre le aportaba el resultado esperado, que los comensales dejaran de lado el buffet de postres y salieran a la pista a bailar. Esta vez, no fue la excepción. En la sala universitaria se escuchó la canción: *Que comience la fiesta*, y de inmediato los estudiantes saltaron al ritmo del merengue. Corrieron las sillas y las mesas hacia las esquinas, haciendo un gran espacio que aprovecharon como salón de baile, hasta el último segundo.

- Disfrutar del camino aumenta las probabilidades de alcanzar la meta.
- Después del esfuerzo viene el refuerzo.
- Para divertirse, no es necesario hacer una gran planificación, basta con disfrutar los pequeños momentos del día a día.

LA ESTOCADA

Las aguas color turquesa del Mar Caribe se reflejaban con serenidad en la mirada de Maximiliano. Junto a Eloísa, disfrutaban de aquel paraíso tropical, recostados a la orilla del mar, permitiendo que las olas juguetonas les mojaran los dedos de los pies.

—Buenos días, don Maximiliano, disculpe que interrumpa sus vacaciones —habló la asistente de gerencia de la empresa.

—Hola, Rosa —respondió con ánimo jovial—. Cuéntame, ¿para qué soy útil?

—Lo que pasa es que he notado algunas cosas raras y prefiero decirle enseguida —la mujer bajó la voz como quien no quiere ser escuchada.

—¿Cosas raras?

—En estos últimos días, varios clientes han cerrado sus cuentas.

—¿Que han cerrado sus cuentas? ¿Qué clientes? ¿Por qué? ¿Le dijiste a José Pablo?

—Por supuesto. El lunes, cuando vi en el sistema que Alabi y Sumar terminaban los contratos de inmediato, fui a comentarle. Me contestó que seguro que se habrían cansado de que los atendieran mal y siguió con lo suyo.

—¡Pero si son dos de nuestros mejores clientes! Nunca los hemos atendido mal.

Maximiliano trataba de entender lo que estaba ocurriendo en su empresa. La distancia no ayudaba, en aquellas circunstancias dependía de la información que terceros le entregaran para armar el rompecabezas.

—Ayer siguieron los términos de contrato y hoy vamos por las mismas. Don José Pablo no ha venido a la oficina —se anticipó en contestar la asistente.

—¿Lo llamaste? — insistió el empresario que tras aquella conversación había recuperado todo el estrés que las aguas del Caribe habían ayudado a mitigar.

—Muchas veces, pero no contesta; es raro. Usted sabe cómo es él con los temas de la empresa, nunca dejaría de contestar una llamada. ¿Le habrá pasado algo?

—Gracias por avisarme, Rosa. Intentaré contactar con José Pablo. —Maximiliano cortó y, de inmediato, marcó su número.

Cuarenta y dos llamadas que quedaron en el registro de perdidas en el celular de su socio le hicieron tomar la decisión de suspender sus vacaciones y regresar a Chile en el primer vuelo que encontró. A ratos, la preocupación de que a José Pablo le hubiese pasado algo grave aparecía como imágenes de accidentes en la carretera o un médico dándole la noticia de un cáncer terminal. Sentía cierto alivio al pensar que su amigo estuviera viviendo algo de aquella magnitud, en lugar de confirmar la sospecha que tenía. Era imposible que JP se hubiese ido con todos los clientes, trataba de convencerse.

Aquel viaje de nueve horas desde República Dominicana a Santiago se convirtió en una tortura mental. Eloísa le tomaba la mano intentando hacerle sentir que no estaba solo ante aquella situación. Pero sus pensamientos ya se encontraban en el momento en que estuviera frente a José Pablo pidiéndole explicaciones.

No pudo dormir nada durante el vuelo. En cuanto aterrizaron, se fue directo a la oficina. Su esposa solo le pidió que no actuara sin pensar, temía una reacción impulsiva que complicara aún mas las cosas. Aunque, al igual que Maximiliano, Eloísa anticipaba que las buenas intenciones no habían dominado aquel partido de ajedrez los últimos días, y a saber desde cuánto tiempo atrás.

Al llegar a la empresa, Maximiliano pidió todos los reportes. La crudeza de la realidad le dio una bofetada que lo dejó sin habla. En menos de una semana habían perdido el treinta y ocho por ciento de las cuentas, y en ese grupo estaban los mejores clientes. Lo que quedaba eran las «cuentas del menudeo», como solían llamarles, las que daban más trabajo que utilidades.

Sin dudarlo, Maximiliano comenzó a llamar a sus clientes, aquellos que había conquistado con el esfuerzo de años recorriendo calles con los productos en la mano. Las respuestas eran similares: «Tu socio me dijo que ahora estaban abriendo una empresa orientada a los clientes VIP para poder darles una atención más personalizada».

Maximiliano usó todos sus argumentos para convencerlos que Importext seguía funcionando como siempre. Pero no logró disuadirlos para que regresaran: «Mira, no sé lo que habrá pasado entre ustedes, pero en estos últimos años con quien yo me he entendido es con José Pablo, además, me aseguró que seguiría con el mismo ejecutivo». «Es que José Pablo me mejoró en un quince porciento las condiciones del trato».

Tras aquella nueva información, Maximiliano pidió un reporte a recursos humanos. Las bajas no habían sido solo a nivel de clientes. La dotación de personal, de trabajadores claves, aquellos que eran la mano derecha de José Pablo ya no formaban parte de la empresa.

Ingresó a la cuenta bancaria. Su mano temblaba aferrada al mouse. La estocada final estaba ante sus ojos. La pantalla mostraba las transferencias de dinero autorizadas por su socio que vaciaban la cuenta corriente, los fondos de inversión, ¡todo!

Maximiliano sentía que su mundo se desarmaba en pedazos. Una angustia, como nudo de marinero en su pecho, le impedía respirar. La daga que le habían clavado quemaba su espalda, irradiando ese dolor por todo su ser.

Desconocía cuánto tiempo estuvo en ese estado de desesperanzadora parálisis. El picor de un par de lágrimas en sus mejillas le hizo regresar en sí.

Las llamadas seguían cayendo al buzón de perdidas, como todas las experiencias vividas con quien consideraba su amigo. Debía enfrentar aquella situación.

Fue al departamento de su socio. No sabía si le recibiría, tampoco cómo reaccionaría cuando lo viera, pero tocó el timbre.

Como quien esperaba aquella visita, José Pablo abrió la puerta.

EMPRENDER ES APRENDER

Maximiliano revisaba la agenda de su celular.
—Estamos llegando al final del semestre. Es hora de hacer una evaluación que nos demuestre, o más bien que demuestre al mundo académico, lo que han aprendido hasta aquí.
—¿Una prueba sorpresa? —preguntó angustiado Mateo.
—Ustedes saben que ese no es mi estilo —argumentó el profesor—. Para bien o para mal, la nota que les ponga esta universidad no servirá de nada. Los verdaderos jueces son los clientes, esos son los que los evaluarán con un comentario, una recomendación y la mejor de las notas: volver a comprarles.
—¿Cómo será el examen? —se apuró a indagar Sofía—. Mucha materia para estudiar no tenemos.
—¿Lo dices porque no tienes un cuaderno con notas para memorizar?
—Bueno, en los otros ramos tenemos apuntes y lecturas de apoyo, pero aquí…
La joven no sabía cómo explicar que sin el esquema de aprendizajes se sentía en el aire para enfrentarse a una evaluación. Su mensaje hacía eco a la sensación de incertidumbre que experimentaban sus compañeros. Maximiliano caminó al centro de la sala para explicar cómo cumplirían con las exigencias catedráticas sin perder la esencia de la clase.
—Tranquilos. Vamos a seguir fieles a nuestro estilo, nada de empezar a repartir hojas que deberán llenar de conceptos y definiciones. —Los alumnos respiraron aliviados.
—¿Qué vamos a hacer? —preguntó Sergio.
—Para eso están ustedes. —Maximiliano devolvió la responsabilidad a los estudiantes contemplando la cara de perplejidad que ponían.

—Bueno, si es una autoevaluación —dijo Facundo poniéndose de pie—. El siete es mío.

—Por supuesto —respondió Raimundo—, el que más trabaja.

—Lo que trato de decir es que el diseño de la evaluación será una propuesta que harán ustedes.

El profesor intervino evitando que las asperezas entre los jóvenes pasaran a mayores. Facundo, que ya se estaba volteando para contestar a Raimundo, prefirió callar.

—Van a dividirse en cuatro grupos. Tendrán media hora para desarrollar un proyecto sobre cómo transmitirían los conocimientos aprendidos, de una forma lúdica y didáctica, a los estudiantes que tomarán esta clase el próximo semestre.

—Parece que alguien quiere que le adelantemos el trabajo. —Cristóbal le hizo un guiño de complicidad a Maximiliano.

—Si me renuevan el contrato, porque según la evaluación de los otros profesores... —El empresario movió la cabeza reconociendo que sus metodologías poco ortodoxas más de algún escozor habían sacado entre los catedráticos.

—Entonces, tendremos que demostrarles todo lo que hemos aprendido. —Sergio se levantó con la energía para motivar al curso y hacer todo lo posible para que Maximiliano continuara en la nómina universitaria.

—Prepararemos los mejores proyectos —se envalentonó Sofía.

—Los otros profesores, morirán de envidia —dijo Mateo entre risas.

—Me encanta verlos motivados por una causa en común. —Maximiliano intentó disimular su emoción—, pero paso a paso. Lo primero es demostrar qué han aprendido de emprendimiento y cómo se lo enseñarían a sus compañeros. Así que: a trabajar en sus propuestas.

—Permiso —pidió Raimundo al profesor mientras se posicionaba instalando una *play list* motivacional, que fue agradecida por sus compañeros.

Dos grupos se quedaron en la sala de clases. Los otros salieron en busca de espacios más tranquilos, donde echar a volar la creatividad y evitar que los compañeros, con los radares encendidos, copiaran sus ideas.

El tiempo para la actividad pasó volando y el cese de la música indicó que era el momento de tomar posiciones para presentar los proyectos. Antes de que el profesor tomara la palabra, el equipo liderado por Carolina ya estaba al frente con entusiasmo.

—Si los compañeros están de acuerdo, podemos partir nosotros —dijo lista para comenzar.

—Adelante —instó el profesor al ver que los otros grupos habían asumido el rol de público.

—Cada minuto se suben trescientas horas de video a YouTube —empezó el primer integrante del grupo.

—La búsqueda de tutoriales «Haw to» crece un setenta por ciento cada año —agregó su compañero.

—Por eso, nuestra propuesta es hacer diez videos tutoriales donde explicaremos lo aprendido en este curso de emprendimiento. Contaremos nuestras experiencias y cómo han impactado estas clases, tanto en nuestra formación académica como en la vida personal —comentó entusiasmada Carolina.

—¡Muy bien la propuesta de los youtubers! —reforzó el profesor.

El curso regaló un aplauso al primer proyecto. Mientras tanto, se hacía el cambio de grupo en el improvisado escenario.

—Con el crecimiento de Internet, tener acceso a los datos es una estrategia diferenciadora. —Mateo asumió el rol de catedrático filosófico que tanto le gustaba—. Sin embargo, ahora está tan masificada la información que ya no tiene valor en sí misma. Eso conlleva a una evolución, a migrar de la era de la información a la del conocimiento —agregó pasando su primera tarjeta.

—Vamos, Mateo, que el tiempo tiene que alcanzar para que todos presentemos —lo apuró Facundo.

—En la era del conocimiento, lo que importa es lo que hacemos con esa información. Cómo la aplicamos o la implementamos —interrumpió otro miembro del grupo cediendo a la presión social.

—Nosotros vamos a desarrollar un manual para quienes quieran aprender a emprender lo descarguen gratis, y así sepan cómo aplicar todo lo que hemos aprendido hasta este momento en nuestras clases —agregó Sofía.

—La línea de escritores se viene fuerte en este grupo —reconoció Maximiliano.

El tercer grupo tomó posición frente a los espectadores mientras Sergio le indicaba a Raimundo con un gesto que estaba listo para partir. Señal que dio pie para que se escuchara en la sala la antigua canción: *Tropecé de nuevo con la misma piedra*. El alumno simulaba tropezar no con una sino con tres mochilas que estaban tiradas en el piso. La *performance* grupal sacó sonrisas en el curso.

—Cada día te enfrentas a nuevos desafíos en esta aventura del emprendimiento que debes sortear, pero no sabes cómo —dijo el alumno dirigiéndose a sus compañeros—, por eso no queda más remedio que aprender.

—Hay muchas formas de lograrlo —continuó Raimundo—, como por ejemplo el clásico ensayo error, donde con la experiencia y los coletazos de tropezar una y otra vez con la misma piedra algo va quedando.

—Pero también existen alternativas menos dolorosas, como nuestro curso online de emprendimiento —agregó el tercer integrante del grupo.

—Diez módulos con clases grabadas —explicó Sergio—, con los contenidos necesarios para ser un emprendedor de tomo y lomo.

—Y con tareas a realizar —dijo Raimundo imitando al profesor—, una serie de ejercicios que permitirán avanzar con la lección siguiente si no subes la actividad práctica de la clase.

—Me gustó eso de la tarea —comentó entre risas Maximiliano.

Mientras recogían el improvisado set, el último grupo tomó posición al frente de la sala. Los integrantes como estatuas adoptaban una postura; todos traían sus celulares con audífonos puestos. Ninguno se movía.

—¡Luz, cámara, acción! —exclamó el profesor.

—Así como nosotros, los compañeros del próximo semestre estarán muy ocupados —comenzó a hablar el primer alumno que simulaba seguir el movimiento de un autobús sujetado del pasamanos superior—. La solución deberá ser práctica, algo que les permita aprender sin aumentar la carga de actividades —dijo dando el pase a su compañero.

—Hay que subirse a la ola del podcast —comentó el segundo integrante—, cápsulas de conocimiento que podrás descargar gratis en tu plataforma favorita para escuchar en el momento que quieras.

—Puedes acceder a todo este conocimiento mientras te trasladas, ya sea en el auto o en el transporte público —explicaba el tercero mientras caminaba con sus auriculares puestos por la sala—. Solo necesitas tu celular y unos audífonos.

—Lo mejor es que con nuestro proyecto podrás aprender mientras haces otras actividades —agregó Facundo mirando las redes sociales—. A diferencia de los videos, no es necesario estar atento a la pantalla.

Los integrantes del último equipo comenzaron a movilizarse por la sala mostrando la compatibilidad de escuchar *podcast* con la ejecución de distintas actividades. Finalizaron retomando las posiciones con las que iniciaron la presentación.

—¡Qué maravillosas presentaciones! —los felicitó Maximiliano poniéndose de pie—. Con estos *pitch*, cualquier inversionista hubiera puesto dinero en sus proyectos.

—¿En serio? —preguntó Sofía.

—¿Lo dudas? —Maximiliano acogió aquel atisbo de inseguridad de la estudiante—. Hoy he recibido una clase magistral de cómo envasar los aprendizajes de todo un año en cuatro fantásticos formatos.

—Y el ganador es… —Facundo tiró la frase al curso haciendo redobles de tambores con sus manos en la mesa.

—¿Quién soy yo para definirlo? —respondió el profesor encogiéndose de hombros.

—¿Cómo vamos a saber qué proyecto es el que debemos realizar para la evaluación? —interrumpió Mateo.

El alumno necesitaba llevarse ese día las instrucciones claras para comenzar a trabajar en la tarea de la cual dependía la primera y única nota de la asignatura. El resto de sus compañeros quedó expectante a lo que diría el profesor.

—Pero si ya decidieron —respondió Maximiliano—. Ustedes eligieron su equipo de trabajo, ahí están los cuatro grupos —los señaló—, y también nos contaron la forma en que presentarán todo lo que han aprendido.

—Entonces, ¿cada grupo sigue con la idea propuesta? —confirmó Mateo.

—Así es. —Maximiliano fue recogiendo sus cosas mientras daba respuesta al estudiante—. Sus ideas son fantásticas. Cada equipo las ha justificado de maravilla, por qué habría de hacer alguna modificación.

—Cuándo será la presentación. —Carolina sacó su agenda para anotar la fecha.

—¿Qué les parece la Feria de Emprendimiento que organiza la universidad?

—No estarás pensando que nos presentemos ante todos los estudiantes del campus —de imaginarlo, Raimundo ya se ponía nervioso.

Los alumnos no esperaban una audiencia tan grande, pero en el fondo les entusiasmaba trascender con sus ideas, más allá de la sala de clases.

—Ya tenemos una fecha y un proyecto en camino —confirmó Maximiliano—. Estoy ansioso de que llegue ese día. Sin duda, esta universidad confirmará que hay una manera distinta de: «aprender a emprender».

- A emprender se aprende.
- Empaqueta tu producto o servicio pensando en cómo tu cliente está dispuesto a consumirlo.
- Existen diferentes maneras de «aprender a emprender».

SENTENCIA DE MUERTE

La situación financiera de Importext se hacía insostenible. Los gastos, como termitas, se comían todos los fondos que ingresaban a las cuentas bancarias, dejando orificios hambrientos de efectivo que Maximiliano no lograba cubrir.

Mantuvo a algunos clientes que fielmente continuaban haciendo sus pedidos. Pero la suma de todo lo que les vendía, implicaba un monto de facturación mucho menor al equivalente de una compra de las que hacían aquellos que se había llevado José Pablo. Su barco se hundía y era imposible tapar los hoyos por donde el agua entraba a borbotones.

Necesitaba una mirada objetiva, así que contactó con el estudio de auditores con quienes hacía tantos años trabajaba, para que evaluaran la situación. Rogaba que su antiguo socio no se los hubiera llevado como parte del inventario. Poca energía tenía para empezar a buscar una nueva empresa que le ayudara. Además, encontrar un estudio de contadores y abogados que le inspirara confianza de la noche a la mañana no era fácil.

«Confianza», aquella palabra retumbaba en su cabeza sin sentido, otra de las cosas que le había arrebatado José Pablo junto con el dinero, sus trabajadores capacitados, una cartera de clientes que valía millones y todo el *know how* de la empresa. Cómo le gustaría sentir rabia, romperle la nariz a puñetazo, pero no podía. Incluso aquel día que lo tuvo delante solo sintió decepción, y una profunda y dolorosa pena.

—Pasa —dijo José Pablo con actitud altanera—. ¿Quieres algo de tomar? Maximiliano, como era costumbre, fue a sentarse en el sillón junto al ventanal que regalaba una maravillosa vista de la ciudad.

—Un whisky —respondió con voz apesadumbrada.

El dueño de la casa sirvió dos vasos con el licor de color ámbar y le pasó uno a Maximiliano, quien dejó salir la pregunta que le había estado quemando la garganta.

—¿Por qué?

José Pablo se sentó en el sillón del frente, ese que había sido testigo de tantas conversaciones de dos grandes amigos, luego socios, y se limitó a responder.

—Me cansé de que me trataras como tu perro faldero. —Tomó un sorbo de su trago.

—¿De qué hablas? ¿Cuándo te he tratado así? Si todo lo decidíamos en conjunto.

—Al final tenía que darte la razón, a ti y a tus delirios de grandeza. ¿Cuántas veces te dije que estábamos bien así, que era tiempo de consolidarnos? ¿Me escuchabas acaso? Pues no, siempre un nuevo negocio, un nuevo cliente. Ahí tenía que ir yo detrás de ti. —José Pablo expresaba la rabia que había acumulado.

—Cuando partimos la empresa soñamos en hacerla crecer, ¿te acuerdas de nuestra meta?, retirarnos a los cuarenta años si nos daba la gana, pues a eso apuntaba y por eso buscaba clientes y nuevas oportunidades.

—No te justifiques en una meta romántica, tu ambición no tiene límites.

—Sí, soy ambicioso, y no veo nada de malo en ello.

—Ah, ¿no? —preguntó con sarcasmo José Pablo—. Tu ambición acabó con la empresa.

—Te equivocas. —Maximiliano se levantó en actitud defensiva—. Quien acabó con la empresa fuiste tú.

—¿Yo? —vociferó irritado—. Gracias a mí la empresa llegó a tener esos números, ¿o tú crees que solo hay que poner la cara bonita para cerrar negocios? Vamos a ver cómo te va ahora que te las tienes que arreglar solo.

—Siempre criticaste a tu padre, pero a Genaro lo que le falló fue el olfato para los negocios. En cambio, tú sí que eres una basura.

—¡No te atrevas a compararme con ese viejo!

—Por supuesto que no, no podría ofenderlo; él nunca robó nada, en cambio… —titubeó unos segundos—, ¡tú eres un ladrón!

Maximiliano miraba aquella sala donde tantas reuniones había tenido. ¿Cuántos negocios se habían cerrado con un apretón de manos entre aquellas paredes? ¿Cuántos contratos firmados en aquel lugar? Se alegraba de que su firma no fuese larga o engorrosa, así no perdía mucho tiempo en aquella tarea. Era simple, pero valía millones, por lo menos hasta meses atrás. Sin embargo, ese día su rúbrica se atascó. La pena caía como plomo sobre su brazo resistiéndose a estampar aquellos documentos.

—¿Están seguros de que no hay otra opción? —preguntó.

Los abogados negaron con sus cabezas. El contador se limitó a agachar la suya escondiéndola entre sus manos.

El informe de los auditores reflejaba la desgarradora realidad. Los números rojos eran eco de la traición de José Pablo. Había apuñalado a Importext dejándola desangrarse sin siquiera llamar a una ambulancia para que la socorriera, como quien atropella a un animal callejero y lo deja tirado en la carretera agonizando.

¿Bajar las cortinas?, Maximiliano no se había imaginado aquel escenario ni en los peores momentos. Los inicios habían sido difíciles, pero lograron tener una empresa rentable y exitosa que les proporcionaba el estilo de vida que habían soñado, y mucho más.

Se suponía que sus desafíos para aquel año eran cómo aumentar las proyecciones de crecimiento, no cómo enfrentar a sus colaboradores para decirles que la empresa estaba en quiebra. Anticipaba esa conversación con Rosa que había demostrado una lealtad a prueba de balas. Sabía que su asistente ya veía la sangre correr, pero probablemente mantenía la ilusión de que pudieran repuntar de ese hoyo negro.

¿Cómo mirar a los ojos a Juanito, que estaba en la empresa desde que partieron, y decirle que ese mes se iría a su casa sin empleo y sin sueldo? Si tan solo tuviera algo de dinero para pagar a sus colaboradores por los años de servicio. Pero los acreedores se encargarían de repartir lo poco que quedaba luego de rematar los bienes de la empresa. Imaginaba la fila de buitres reclamando su dinero para cubrir las deudas.

Había dado todo de sí para salir de aquella situación, pero una empresa que deja de cubrir sus propios gastos deja de ser atractiva para la banca como cliente. Parecía que el banco tenía una alerta de cuentas corrientes que se vaciaban. En veinticuatro horas, ya tenían la etiqueta de alto riesgo. Todos los créditos que antes aparecían pre aprobados, ahora eran solo beneficios no vigentes, como le explicaba su ejecutivo.

Intentó levantar capital, buscar un nuevo socio, pero entendía que por muy buen vendedor que fuese, los números demostraban que ser parte de Importex en aquel momento era un mal negocio. Con el dinero que obtuvo de la venta de sus autos y la colección de relojes de lujo se aseguraba de pagar los sueldos de las personas que, hasta aquel momento, no habían abandonado el barco.

Los abogados ya trabajaban en declarar la quiebra de la empresa enfocándose en resguardar su patrimonio personal, de lo contrario, Maximiliano perdería lo único que le quedaba: su casa. No podía exponer a Eloísa a una situación así. Había jugado aquella partida de ajedrez y estaba perdido. Para proteger a su reina, solo le quedaba una movida: rendirse.

—Debes firmar estos papeles. —El abogado tributario le pasó una carpeta llena de documentos y mandatos.

Maximiliano respiró profundo y firmó todos los documentos. Como si quemaran en sus manos, los entregó a los verdugos de la empresa, invitándolos a salir con la mirada.

Quedó en la soledad de una sala de reuniones, sentado en el sillón gerencial sin tener personas a quien dirigir, en el edificio de una empresa de la cual sólo quedaría de recuerdo el nombre. Luego de meses batallando contracorriente para levantar de las ruinas su gran sueño, por fin encontró algo de paz.

EMPRENDER ES DAR EL SALTO

Eran las ocho y cuarto y todos los estudiantes de la clase 306 ya estaban reunidos en el estacionamiento de la facultad de economía de la universidad. El quiosco había sido elegido el punto de encuentro.

Hasta el último minuto, Maximiliano, haciendo honor a la sorpresa, guardó el hermetismo sobre la actividad. Solo les había anticipado tres pistas a los estudiantes: usar ropa cómoda y zapatillas, llevar alimentos y algo para beber que pudieran compartir y la hora para reunirse, aclarando que saldrían de los límites de la casona estudiantil para cerrar el año escolar.

En una caravana de cinco autos liderada por el profesor, salieron hacia el destino de aquella aventura. Les esperaban la comuna de colina y unos hermosos cerros que permitían la vista panorámica de la ciudad.

Se estacionaron literalmente en la punta de un cerro. Los estudiantes descendieron de los vehículos para estirar las piernas y admirar el paisaje.

Maximiliano les dio unos minutos para que pudieran disfrutar de las sensaciones que los embargaban y comenzó a hablar:

—Hoy es nuestra última clase —Su cara reflejaba el pesar por el término del proceso con ese grupo, sus primeros alumnos— . Consideré importante que pudiéramos darnos un espacio para conversar sobre la experiencia que hemos vivido este año, hacer nuestro ritual de cierre.

—Hasta el último minuto, sorprendiéndonos —comentó Mateo y el profesor sonrió.

—Los invito a que coloquemos las mantas que trajimos y dispongamos las cosas para comer.

—Un gran picnic de desayuno —dijo Sofía con alegría, mientras sacaba sus cosas de la mochila, seguida por varios de sus compañeros.

Cristóbal recordó la degustación *gourmet* que gracias a los empresarios gastronómicos habían disfrutado. Él y sus compañeros no eran unos chefs famosos, pero de seguro tendrían un gran desayuno.

—¿Todos tienen su café? —preguntó Maximiliano.

—¡Sí! —contestaron al unísono.

—Entonces, hagamos un brindis. —Carraspeó tratando de aclarar la voz y que no se notara su emoción—. Quiero brindar por ustedes que serán grandes empresarios.

Durante este tiempo han demostrado su estirpe emprendedora. Estoy muy orgulloso de ver lo mucho que han crecido, tanto académica como personalmente. Además, cumplen el requisito más importante para tener éxito en la vida: son excelentes personas —dijo con el hilo de voz que le quedaba mientras levantaba el vaso de plástico en el que se traslucía el líquido oscuro.

—¡Salud! —respondieron.

—Es usual que cuando uno hace un curso, vaya a un taller, le pasen una encuesta de satisfacción, una evaluación, o le pregunten qué aprendió —explicó el profesor—. Pero nosotros no somos como los otros cursos.

—¡Por supuesto que no, somos los mejores! —gritó Facundo con energía.

—Les invito a compartir las razones por las cuales están agradecidos de este proceso que vivimos juntos.

—El poder de la gratitud —dijo Carolina, que había instalado esta práctica en su rutina desde hacía varios años.

—¡Exacto! —respondió Maximiliano—. Agradecer por los regalos que nos da la vida y, sin duda, durante este año hemos recibido muchos, ¿o me equivoco?

Los estudiantes asintieron con sus cabezas en señal de acuerdo con el profesor. Repasaban lo vivido en aquel singular curso de emprendimiento. Aquellos cerros eran el escenario ideal para contemplar, con altura de miras, todo lo que el grupo logrado desde el inicio del año hasta ese momento.

—Yo quiero partir —dijo Facundo rompiendo el hielo—. Doy las gracias porque este ha sido el curso más entretenido que he tenido en mi vida. He descubierto que hay personas que valen más que millones de seguidores de las redes sociales. —Tomó la mano de Carolina con cariño—. Aunque momentos como estos hay que inmortalizarlos, así que no me iré sin la foto grupal para subirla a Instagram.

—Me sumo a las palabras de Facundo. —Mateo se puso de pie—. Rescato la manera tan poco clásica de Maximiliano de hacer las clases. En un comienzo me costó, lo reconozco. No tener apuntes ni una guía para estudiar me descolocó, pero después aprendí que hay otras formas de aprender. —Miró al profesor en señal de gratitud.

—Yo creo que lo mejor es el equipazo que se ha formado —comentó Sergio orgulloso del vínculo construido con sus compañeros—. Durante todo este tiempo nos hemos apoyado escuchando nuestros proyectos con respeto, aportando ideas para mejorar. Siento que podemos contar unos con otros para lo que sea. Somos indestructibles, ¡hasta logramos escapar de la pena de muerte!

Aquel comentario les hizo recordar su pasada por la cárcel. Se escuchó el murmullo de los estudiantes reviviendo la experiencia de la sala de escape.

—Así como Sergio, agradezco al grupo que me ha alentado a conseguir mis objetivos y no tirar la toalla, incluso en los momentos difíciles —dijo Sofía.

La universitaria ya mostraba los efectos de haber bajado cinco kilos. Emocionada, miró al profesor quien le prestó toda su atención.

—Gracias a este curso y a ti, Maximiliano, descubrí que «yo puedo». —Se secó unas lágrimas que caían por sus mejillas—. Yo puedo, soy capaz de alcanzar las metas que me proponga. —El compañero que estaba sentado al lado la abrazó en señal de apoyo.

—Por mi parte, siempre he estado orgulloso de que me consideren un vendedor —interrumpió Cristóbal—. Hay personas que se avergüenzan de ese trabajo, pero en nuestra familia es un talento. Después de aprender la importancia de escuchar y generar confianza en las ventas, mi pecho ya no puede estar más inflado. Los vendedores estamos para ayudar a las personas —dijo con orgullo.

—Yo rescato que todos los proyectos hay que validarlos. A veces uno está obsesionado con su idea, como caballo que solo ve en línea recta. Pero cuando te das el tiempo de escuchar a las personas, pueden darte puntos de vista que ni siquiera se te habían ocurrido, y que enriquecen tu propuesta —comentó el estudiante sentado junto a Sofía.

El profesor escuchaba las reflexiones de sus alumnos con alegría. Sentía una enorme gratificación al confirmar que su trabajo había dejado huella en la vida de aquellos jóvenes.

—¿Y tú, Maximiliano, algo por lo que quieras agradecer? —la pregunta de Sofía lo sacó de sus pensamientos.

—Agradezco haber quebrado —contestó, y veintiocho caras le clavaron los ojos—. No se asombren, que de todas las experiencias se puede aprender.

El profesor tomó un sorbo de café como si fuese un trago de whisky que le daría el coraje necesario para hablar. Aquel gesto aumentó la curiosidad de los alumnos.

—Después de la quiebra, me quedó una deuda gigante y necesitaba generar ingresos lo más pronto posible, con un sueldo estable para que la banca me volviera a dar crédito. Lo único que quería era conseguir capital y echar a andar de nuevo mi empresa.

—Como mono porfiado —interrumpió Mateo. Maximiliano asintió.

—Acepté este curso porque me ofrecieron un contrato. Documento que llevé enseguida a mi ejecutivo del banco. Además, tendría la oportunidad de «enseñarles» para que no terminaran como yo —dijo enfatizando aquella palabra como quien coloca unas comillas con sus dedos.

—¡Grande, maestro! —vitoreó Facundo.

—Esa era la idea inicial. Por supuesto que fue pivotando en el camino. Con el paso de las clases, el resentimiento y la amargura que te deja la sensación de fracaso fueron cediendo. Mientras que las ganas de aportarles más, de entregarles las mejores experiencias a mis clientes iba en aumento —señaló al grupo de alumnos.

—Y sí que nos aportaste —interrumpió Carolina—. Gracias a ti, nos vamos con una batería de herramientas para aplicar en cualquier situación, incluso más allá del emprendimiento.

—Me reconforta mucho que así sea.

Los alumnos daban muestras de su reconocimiento a quien había sido su mentor todo el año. Maximiliano, con emoción, recogía sonrisas que le llegaban de regalo, pulgares levantados, abrazos a la distancia.

—Pero lo que más agradezco es todo lo que aprendí de ustedes —continuó.

—¿De nosotros? —preguntó Mateo sorprendido.

—Gracias a ustedes he descubierto que me apasiona enseñar. Atrás queda la idea de volver al rubro textil.

—¿En serio? —intervino Sergio—. Pensaba que era tu gran sueño.

—Yo también creía eso, pero al replantearme mi «por qué» en la vida me di cuenta de que ahora tenía una nueva misión.

—Entonces, ¿te dedicarás al mundo académico cien por ciento? Cómo van a sufrir los alumnos que necesiten guías y apuntes para estudiar —interrumpió Sofía.

—De empresario a profesor —agregó Mateo.

—Espero seguir dando clases, pero, en paralelo, crearé una nueva empresa. Mi ADN empresarial sigue intacto —dijo golpeándose el pecho con ambos puños como primate.

—¿Y de qué será la empresa?, si es que se puede saber —preguntó curiosa Sofía.

—Quiero ayudar a jóvenes emprendedores a sacar sus negocios al mercado. Así es que pondré una incubadora de negocios para *Start Ups* —orgulloso compartió su idea.

—Pero qué buena noticia —dijo Facundo—. Ya tenemos financiamiento asegurado para nuestros proyectos.

—Eso hay que ganárselo —respondió el profesor.

—Una asesoría gratis por lo menos. —Mateo colocó sus manos juntas en señal de suplica obteniendo el consentimiento del empresario.

Cuidadoso, Raimundo se levantó. No quería interrumpir, pero esperaba compartir con sus compañeros y su profesor unas palabras.

—Parece que llegó mi turno —intervino—. A mí me encanta crear. Agradezco a Maximiliano que nos haya mostrado cómo emprender abre puertas exponencialmente. Quiero presentarles el proyecto en el que he trabajado durante todo el semestre.

El anuncio llamó la atención del grupo.

—Alguien venía preparado para levantar capital —dijo Facundo con ironía.

—Esta es mi app —mostró la aplicación en su celular—. Consiste en un plan paso a paso que pueden seguir todos los que quieren sacar ese emprendimiento que llevan dentro.

—¡Pero qué buena idea! —reforzó de inmediato el profesor interesado, se acercó a Raimundo para ver la aplicación—. Vamos a tener que evaluar esa idea de negocio para la incubadora, ¿cómo se llama?

—Me gustaría que me dieran sus opiniones sobre el nombre, es que no estoy muy seguro, pensaba ponerle «Emprender es Aprender».

—¡Qué buen nombre! —la respuesta de Maximiliano disipó cualquier inseguridad del estudiante—. Yo que pensaba que durante las clases no había logrado que dejaras de lado tu celular y estabas creando contenido. Esto merece un brindis —dijo levantando su vaso de café casi vacío—. ¡Por el primer emprendimiento del grupo!

—¡Salud! —respondieron a coro.

Los jóvenes rodearon a Raimundo para conocer la aplicación mientras Maximiliano se alejó para responder una llamada telefónica.

—Bueno, jóvenes —los interrumpió—, para cerrar este curso con broche de oro les tengo una última sorpresa.

—Las cartas bajo la manga, el sello de Maximiliano —dijo Facundo.

—Muchos dicen que emprender es como dar un salto al vacío, porque no hay ninguna certeza de que vaya a resultar. Según las estadísticas, la probabilidad de que la empresa no funcione es mayor a que sea exitosa —dijo levantando su mano derecha mucho más que la izquierda en señal de notorio desequilibrio.

—Dos de cada ocho empresas cierra antes de los tres años —agregó Mateo.

—Lamentable pero cierto —continuó el profesor—. Aun así, el espíritu emprendedor es más fuerte, por eso se siguen creando empresas.

—Es que la garra de los emprendedores no tiene igual —comentó Sergio, quien ya se sentía parte del clan.

—Me costó mucho encontrar una actividad que reflejara este desafío que significa emprender…

Maximiliano trataba de contener la emoción al anticipar que aquellas serían las últimas palabras, que en el contexto de una clase transmitiría a ese grupo de jóvenes. Carraspeó un par de veces y respiró profundo.

—A fin de cuentas, ¿qué es emprender sino asumir ese riesgo que va desde lo emocional hasta lo familiar, que te expone y desafía, que te hace nadar en mares de incertidumbre? Pero cuando sabes cómo hacer las cosas y cuentas con el apoyo necesario, sin duda saca la mejor versión de cada uno de nosotros.

—¡Qué hermoso! —exclamó Sofía emocionada—. ¡Yo quiero ser una emprendedora!

—Así es que decidí que la mejor ceremonia de término de semestre sería hacer un ritual de iniciación, como en las tribus ancestrales, cuando realizan una ceremonia que marca la transición entre la niñez y la adultez. En este caso sería el paso de alumnos a emprendedores —explicó el profesor.

—Espero que no sea caminar sobre piedras calientes —dijo Mateo.

—¡Qué buena idea!, lástima que no se me ocurrió antes —respondió en broma Maximiliano—. La pregunta de rigor es: ¿quién quiere iniciar su camino al emprendimiento?

—¡Yo! —respondieron a coro los estudiantes.

Maximiliano envió un mensaje con su celular y se volteó a los alumnos quienes estaban cada vez más expectantes. Pronto comenzaron a asomarse las puntas de unas camionetas que llegaban cargadas de instructores y equipos de vuelo.

—Les presento al equipo profesional Parapente Aventura —dijo el profesor.

—¿Parapente? —preguntó Carolina, quién todavía aspiraba a que aquello fuera una broma, aferrándose del brazo de Facundo.

—¿Quién nos asegura que esas cosas no se van a caer?

Sofía miraba las cuerdas que sujetaban los parapentes y dudaba que resistieran lo suficiente para mantenerla a salvo. La misma duda rondaba en la cabeza de varios de los estudiantes.

—Escuchemos a los expertos. —Maximiliano dio la palabra al jefe de los instructores.

José, un hombre cuya edad no superaba los treinta años, comentó a los estudiantes que, aunque sonara paradójico, era prevencionista de riesgos. El parapentista dio una charla explicativa al grupo sobre el salto que iban a realizar y las medidas de seguridad a tomar. Acto seguido, definió el instructor que acompañaría en esa aventura a los futuros emprendedores.

—¿Cuánto peso aguanta este equipo? —A Sergio le preocupaba que no fuera suficiente para sus casi noventa kilos de masa muscular.

—¡Díganle a mi mamá que la quiero! —gritó Facundo tratando de distender la tensión con sus infaltables bromas.

—¡Atención, jóvenes! Recuerden que los instructores que los acompañan tienen cientos de horas de vuelo y están completamente capacitados para hacer de ésta, una experiencia inolvidable.

—Por supuesto, si va a ser la última —agregó Facundo.

—¡Deja de decir tonterías! —le reprochó Raimundo, aunque aquello que decía era lo que todos estaban pensando.

—Lo importante es que hagan lo que su instructor diga —continuó diciendo el líder—. La primera línea parte corriendo y cuando ya esté en vuelo, sale la segunda fila; así hasta que estemos todos en el aire. ¿Entendido? —preguntó con voz enérgica.

—¡Entendido! —respondieron los aprendices delatando sus temores.

—Entonces, ¡a disfrutar! —vociferó—. Primera línea, ¡a volar!

Las duplas que estaban a treinta metros del borde de la colina comenzaron a correr. Debían hacer su mayor esfuerzo, como quien arrastra cien kilos, para lograr que el parapente se llenara de aire y se abriera antes de que sus pies llegaran al borde del cerro. Se vio a los primeros estudiantes emprender el vuelo.

Los gritos dejaban salir todo el estrés y el miedo acumulado. Aquella sensación liberadora se mezclaba con la euforia de estar en el aire.

—¡Estamos volando! —se escuchó una voz emocionada.

Esa era la señal que necesitaba el prevencionista de riesgo para indicar la salida de del siguiente grupo. Sabía por experiencia que no podía darles un segundo para pensar porque la mitad se arrepentía.

—¡Segunda línea, despeguen!

En la cúspide de aquel cerro se respiraba nerviosismo y adrenalina a borbotones, mientras los instructores empujaban al vacío a los jóvenes universitarios. Los estudiantes, solo después de varios segundos dejaban de mover sus piernas en el aire, cuando el parapentista que los acompañaba les confirmaba que estaban volando.

—¡Esto es lo máximo! —gritaban quienes ya estaban en vuelo y eran capaces de verbalizar algunas palabras.

—¿Listo, profesor? —preguntó a Maximiliano—. Recuerde que cuando nos toque deberá correr con todas sus fuerzas hasta que yo le diga

—Listo —contestó Maximiliano agradeciendo el profesionalismo del líder.

Terminó de estirar unas cuerdas del equipo mientras con la mirada supervisaba lo que acontecía con el resto del grupo.

—Última línea, ¡a volar! —gritó y, con la fuerza de su cuerpo, empujó a Maximiliano a correr hacia el borde del cerro, mientras movía el parapente para que comenzara a abrirse.

Las últimas duplas de parapentistas emprendieron vuelo. El goce de vivir una experiencia nueva se reflejaba en los rostros de satisfacción. Atreverse a dar el salto e ir más allá, aún ante circunstancias extremas, fue sin duda un aprendizaje que quedaría grabado en la historia de aquellos jóvenes.

Un grupo de universitarios volaba sobre los cerros de Colina, superando todos sus límites. Flotaban livianos al vaivén del viento, cargados de ideas, proyectos y nuevos negocios.

- Emprender es un estilo de vida.
- Emprender es fácil, si sabes cómo.
- El camino del emprendimiento es sin retorno, una vez que decides emprender, no tiene fin.

AGRADECIMIENTOS

En primer lugar, quiero dar gracias infinitas a mi familia, fuente inagotable de dichas, alegrías y momentos de felicidad. Mi espacio sagrado de inspiración, donde me energizo para poder sacar adelante cualquier proyecto.

Mis agradecimientos al calígrafo innato, mi padre, quien transcribió cada una de las frases del profesor dándole ese toque tan humano y especial a las tarjetas.

Mi más profunda gratitud al Taller Literario Oasis, que desde el 2017 nutre mi pasión por las letras. Este grupo de talentosos escritores, guiados por la pluma de la gran Ana María Güiraldes @anamariaguiraldes, se hicieron presente aportando aliento a Maximiliano Fontecilla, desde sus primeros días:

- Catherine Parker: Autora de *En la penumbra* y *La fuerza de su herencia*. @catherineparkerescritora
- Margarita Di Giuseppe: Autora de *Una mujer que sueña*. @margaritadigiuseppe
- Isabel Margarita Marambio, que pronto nos deleitará con su libro: *Los vigilantes de Londres*.
- Arturo Cuevas
- Evalicia Zemelman Merino
- Antonia Eyzaguirre

Agradezco haber sido parte del reto «Triunfa con tu libro», liderado por Ana Nieto, quien me ayudó a instalar el hábito de escribir a diario. Parafraseando sus enseñanzas: «escribir es un trabajo de pico y pala: 1000 palabras al día». @ananietochurruca

Extiendo mis reconocimientos a todos los escritores del reto que acompañaron este proyecto desde las primeras líneas. En especial, a mis queridos lectores cero que dedicaron su tiempo y energía para enriquecer, con sus apreciaciones, las historias de Maximiliano:

- Francisco Castaño, autor del libro: *Aprende storytelling con datos.* storytellingcondatos.fcastano@gmail.com
- Frank Villalta, autor de: *12 tazas de café y una copa de proceso: Líder por primera vez.*
- Verónica Serna, autora del libro: *Tu arma secreta: Cómo impulsar tu empresa mejorando tu estrategia comercial.*
- Mariluz de la Parra, autora de: *La magia del descanso.* desequilibrioconsciente.com
- Bibiana Jiménez y Margarita Uribe, escritoras que pronto lanzarán al mundo sus creaciones literarias.

Agradezco de manera especial al maestro Raimon Samsó, @raimonsamso, quien con total generosidad compartió su sabiduría y me entregó las herramientas necesarias para hacer de la escritura una profesión.

Y por último, mi profundo agradecimiento a todos los emprendedores y emprendedoras que durante estos trece años han compartido conmigo sus historias de negocio. Testimonios colmados de pasión, empuje, esfuerzo, perseverancia, y tantos calificativos positivos que me impulsaron a escribir este libro, haciéndome sentir completamente orgullosa de ser una: ¡Empresaria!

UN FAVOR ESPECIAL

Quisiera pedirte un favor para que este libro/ebook llegue a más personas, y es que lo valores con tu opinión sincera en la plataforma donde lo hayas comprado.

Ayúdame con tu referencia para potenciar el marketing de este libro, así puedo seguir escribiendo y compartiendo todos mis conocimientos, a través de las letras, contigo.

Abrazos a la distancia :)

ACERCA DE LA AUTORA

Vanessa Jiménez es Empresaria y escritora sobre emprendimiento y autoayuda empresarial.

Nació en La Habana, Cuba, pero hace más de veinte años reside en Chile, junto a su esposo y sus dos hijos. Psicóloga de profesión, empresaria de ocupación y emprendedora por vocación.

Se inicia en el mundo del emprendimiento en el año 2007 en www.vjrtualbusiness.cl, un centro de negocios para emprendedores, donde ha ayudado a más de cinco mil emprendedores a formalizar y construir sus propios negocios para que puedan alcanzar la calidad de vida que desean.

Más tarde, pone en marcha una empresa de selección de personal: Nana SOS. En el año 2013, ingresa en el mercado con una línea de productos y servicios orientados a mejorar la calidad de vida de los adultos mayores: Sabiduría Mayor. Ya en el año 2017 crea la comunidad Madres Emprendedoras con la misión de ayudar a las mujeres a compatibilizar la maternidad con el emprendimiento «sin morir en el intento».

Su carrera como escritora se inicia con la publicación de *Flor y Ser*, una historia de reinvención, emprendimiento y determinación femenina que al mes de su lanzamiento llegó a número 1 en Amazon en español.

Puedes contactar a la autora a través de su web www.vanessajimenez.net o en sus redes sociales. Estará feliz de recibir tu opinión y poder contestarte.

- instagram.com/vanessajimenezsanchez_
- linkedin.com/in/vanessajimenezsanchez/
- facebook.com/Vanessa.jimenezsan
- amazon.com/author/vanessajimenez

OTRAS OBRAS DE VANESSA JIMÉNEZ

leer.la/floryser

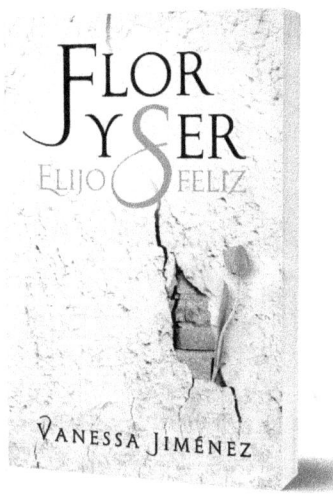

Flor y Ser
#1 Bestseller en Amazon en su primer mes de lanzamiento

En el momento en que María Eugenia recibe la notificación del divorcio tendrá que decidir cómo continuar con su vida. Mantener la dinámica de dependencia económica hacia su exmarido, que durante más de quince años la mantuvo inserta en la violencia psicológica, o hacer frente a sus temores y asumir las riendas de su vida.

"Cuando las mujeres se hacen cargo de su propia felicidad, es cuando demuestran de lo que realmente están hechas".

Un libro solidario

Al acompañar a María Eugenia en este camino estarás ayudando a muchas mujeres que como ella, se hayan enfrentado a disyuntivas y crisis en sus vidas que les hayan impulsado a tomar grandes decisiones y dar lo mejor de sí. Ya que todas las ganancias generadas por la venta de este libro serán donadas a mujeres que decidan reinventarse y entregar mejores oportunidades de vida a sus familias, a través de la creación de sus propias empresas.

Reseñas

*"María Eugenia tiene la capacidad de transformar el desamor en un impulso para crecer y construir nuevos sueños. **Es una heroína de lo cotidiano**".* —Mónica Celis

*"Muy bien escrita y desarrollada la historia sobre problemáticas de la vida cotidiana que todos vivimos o sufrimos a veces. Aborda muy bien la parte psicológica, lo que lleva al lector a identificarse rápidamente con los protagonistas del relato. Mantiene interesado al lector, entretenido, ¡¡¡fácil de leer!!! En muchos hechos de la historia de María Eugenia ¡**yo iba sintiendo junto con ella como si me estuviera pasando a mí**!".* —Teresita Rodríguez

*"Leer la historia de María Eugenia es ver la vida de miles de mujeres que, por diversas razones, pasan de depender de un hombre a tener que hacerse cargo de sus vidas, lo que nunca antes habían hecho. **Y es en este viaje en el que encuentran la fuerza, que no sabían que tenían, para salir adelante**, cumplir ese sueño que siempre tuvieron sin pedirle permiso a nadie, y ser unas mujeres exitosas y felices. Unas mujeres y madres independientes."* — Isabel Margarita

*"Flor y Ser es un relato sencillo, optimista y cautivador, que nos muestra que las mujeres podemos salir adelante, cambiar el escenario y ser protagonistas de nuestras vidas. **Una historia de aliento para quienes buscan reinventarse**"* —Daniela Pino

TE AYUDO A EMPRENDER

Virtual Business

Oficina Virtual con sucursales en Providencia y Santiago de Chile que ha ayudado a más de 5000 emprendedores a formalizar sus negocios.

Te apoyamos desde la constitución de la empresa hasta que queda facturando. Además, ponemos a tu disposición todo el backoffice administrativo para que puedas encargarte de lo realmente importante en tu negocio.

www.virtualbusiness.cl